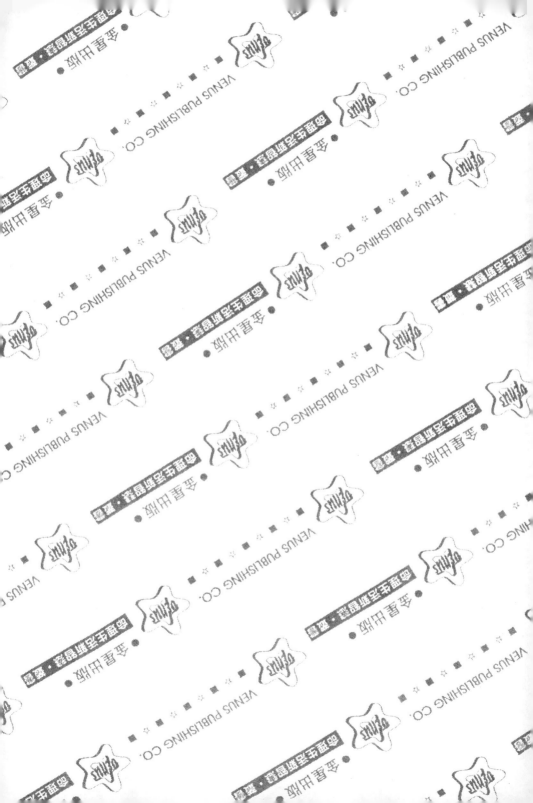

命理生活新智慧・叢書　67

樂透密碼

金星出版社 http://www.venusco555.com
E-mail: venusco997@gmail.com
法 雲 居 士 http://www.fayin777.com
E-mail: fayin777@163.com
fatevenus@yahoo.com.tw

法雲居士⊙著

金星出版

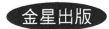

國家圖書館出版品預行編目資料

樂透密碼／法雲居士著，--第一版.--臺北市：金星出版：紅螞蟻總經銷，2004[民94]　冊；　公分--（命理生活新智慧叢書；67）

ISBN 957-8270-56-9　（平裝）

1.命書

293.1　94002403

優惠·活動·好運報！
快至臉書粉絲專頁
按讚好運到！
金星出版社

樂透密碼

作　　者：法雲居士
發 行 人：袁光明
社　　長：袁光明
編　　輯：王璟琪
總 經 理：袁玉成
地　　址：台北市南京東路三段201號3樓
電　　話：886-2-25630620，886-2-23626655
傳　　真：886-2365-2425
郵政劃撥：18912942金星出版社帳戶
總 經 銷：紅螞蟻圖書有限公司
地　　址：台北市內湖區舊宗路二段121巷19號
電　　話：(02)27953656(代表號)
網　　址：http://www.venusco555.com
E-mail：venusco997@gmail.com
法雲居士網址：http://www.fayin777.com
E-mail：fayin777@163.com
fatevenus@yahoo.com.tw

版　　次：2005年7月第1版　2021年12月 加印
登 記 證：行政院新聞局局版北市業字第653號
法律顧問：郭啟疆律師
定　　價：280元

行政院新聞局局版北字業字第 653 號
(本書遇有缺頁、破損倒裝請寄回更換)

投稿者請自留底稿
本社恕不退稿

ISBN：978-986-6441-25-7（平裝）

（因掛號郵資漲價，凡郵購五冊以上，九折優惠。本社負擔掛號寄書郵資。單冊及二、三、四冊郵購，恕無折扣，敬請諒察！）

序

樂透彩自開始營運以來，據官方統計已造就了四百多位億萬富翁了。同時也造就了一千多位以上的百萬富翁。另外還有一些小獎富翁。由此你可發現到：那些能中大獎的人，還是會站在屬於樂透彩玩家上層的金字塔之中，而一般人仍只是重複做著一些循環的事，期期抱有希望之夢，期期望彩興嘆，貢獻彩金。

損龜的滋味不好受！但每期總有上百萬或千萬的彩迷在捶胸頓足、唉唉低鳴。

到底誰會是下一個幸運者能美夢成真抱走大獎呢？中彩的金額和中獎機率也有大有小。要如何精準的算出自己能得大獎的那一月？那一日，以及能準確的知道中獎金額大概是多少？上述這些問題，在現今科技發達、電腦進步的今日，已能準確的算出來，這已不是難事了，這本書就是來告訴你算法的。

很多彩迷悶著頭、矇著眼，期期貢獻彩金，也有人左算、右算、算神明牌，或用做夢的方式來算牌，還是算不到頭獎的號碼。也有一些長期在窮困中打滾的人，想以小搏大來鹹魚翻身。其實這些人都成為『一將成名萬骨枯』的枯骨基石，做為墊底的墊腳基石之用了。樂透彩本身就是劫眾人之財，聚沙成塔，造就最頂端獨一無二的峰頂之作。

偏財運是可以精確的算出來的！屬於你的中獎號碼也是獨特的，會在你的生命密碼中出現。中獎日也是非要到某一個特定的日子才會中獎的，這個日子也會在你的生命密碼中出現。當你懂得摸清楚這個公式之後，當你會算之後，你就不會再去浪費多餘或無用的彩金。也不會每次損龜後總是笑著說：又做公益了！

每次買樂透不中的人，其實是常打擊其本人的信心和自尊心的。有些人會想：我到底那一點不如人，為何老天爺都不眷顧我呢？

其實不是老天爺不照顧你，只是你還沒找到和老天爺溝通的頻道而已。

所以你要好好研究這些屬於偏財運應有的知識，你就能找到屬於你自己的生命密碼，來打開樂透彩的寶藏，奪寶而歸了。

這本『樂透彩密碼』的書，是我第三本討論偏財運的書，前兩本『如何算出你的偏財運』、『驚爆偏財運』二書，已帶給很多人，包括我的學生、或讀者精確中獎的機率，有很多人已會運用這套公式來規劃偏財運了。因此我也希望會看到這本書的讀者也能藉由這本書來打開你的生命密碼，掌握機會上的時間點，將『樂透彩』手到擒來，再造人生富貴的高峰。

法雲居士　謹識

命理生活叢書67

樂透密碼

樂透密碼

樂透密碼

①前　言——樂透密碼和金鑰匙

❋❋❋❋❋

會中樂透獎、會擁有億萬的富翁，都有個人專屬的樂透密碼和金鑰匙，才能打開生命的財庫……

① 前言——樂透密碼和金鑰匙

這本書名為『樂透密碼』，觀其名就知道，此書是講和樂透中獎有關神秘數字及神秘事物之事。

熱衷樂透彩的彩迷們，難道你們就不曾想過：『**每期樂透彩開獎的六個數字組合都不一樣，為什麼都不會是我的排列組合？也有人中獎，為何那個中獎的人會猜中那組數字的排列組合？**』此事其間是不是會有些奇妙？

其實，從命理的角度來看，中樂透彩和中其他的獎，如中統一發票，或中百貨公司的贈獎都是一樣的。有些人從小就有中獎的好運。小的時候中一些鄉下雜貨店的抽抽看的糖果獎，長大了之後，就會中些獎品較大的獎了。我也曾看到某些賭性堅強的人，小時候賭紅仔標，長大了，有的加入股市混戰，有的做了大家樂的組頭，但是最離奇的是，在這些賭性堅強的人之中，有大部份的人是不具有偏財運格的人。因此加入股市混戰之人會落敗負債千萬。做了大家樂組頭的人，也會簽賭失敗而落跑。

這就說明了，凡是能中樂透彩或因中獎而發富得利的人，皆是必須具有『偏財運格』才行。沒有此『偏財運』格的人，是始終和中獎或簽賭這些事相距很遠，是想的多，獲得少的。

這更是說明了，想知道及得到樂透密碼，想擁有中獎好運的金鑰匙，第一步就是先審核自己是否有偏財運才行！

世界上有三分之一的人有偏財運，每個人的命格都不相同，命理所帶之財數也不同，偏財運的格局亦不相同。而屬於你的，可能會中的數字組合，也會和別人不一樣。

所以每個人所擁有偏財運的金鑰匙也就各自不同了。大家不會是同一把金鑰匙來打開樂透億萬財富之門的。

但是有一件事是可確定的，當你拿到這把金鑰匙，或密碼時，再找到另一個對的時機，同樣是可打開財富之門，只是數字金額會因時間點的不同而有差異。

『生命財數』與『生命數字』

在每個人生命之中，所擁有之財富數量，稱為『生命財數』。在每個人的生命之中，會有一些數字，例如：3、5、7等數字，會如影隨形，在你身旁打轉時常出現，這些數字，就稱為『生命數字』。

『生命數字』有好、有壞，好的、吉祥的生命數字，會在你旺運時出現，也會幫你賺錢、中獎。某些更帶偏財的生命數字，會使你中大獎、中樂透，使你由偏財得富。當然也會有帶正財的生命數字來使你得正財。

倘若你的命格中有偏財運，你就會擁有偏財型的生命數字了，倘若你命格中沒有偏財運，你就不會有偏財運的生命數字了。

某些命中財少的人，八字中無財星，或是蔭星多，或食傷多，那此人只有某些數字稍對你有利，但不見得會為你生財。而命中食傷多的人，則是耗損財的生命數字多，根本找不到有利於自己的生命數字了。當然就更不會有偏財運了。

有關『生命財數』方面

每個人由出生年、月、日所形成的八字中，其中內容豐富，就包含了每個人的生命財數。它不但顯示了你一生所擁有財富的多寡，也顯示了生命的長短，身體健康也是生命財數中的一種。

當你具有偏財運格時，如果生命財數富有、巨大，能到有上億財富時，不論你的出身有多低，你就能中上億元的樂透彩。如果你的生命財數不夠大，你就無法中上億元的樂透彩，但會中幾百萬或幾千萬元。

命格中沒有偏財運的人，你的生命財數也未必會小。某些人有正財至上億財產的人，也會擁有家產無數。這是本命帶財多寡的問題。通常正財多的命格，才是最完美、高尚的命格。而命格中偏財即使再旺，命中財數再大的命格。大起大落的速度快，也不為好命格，至終都是一場空的。

※如欲得知自己是否有偏財運，請至金星出版社網站，可免費印出命盤，再參考法雲居士所著《如何算出你的偏財運》即可得知。

②愛因斯坦的相對論
就公佈了偏財運的爆發程式

❁❁❁❁❁

相對論和命理學同樣都是研究宇宙的時間和空間的問題，亦研究能量問題，是故公式可通用。

② 愛因斯坦的相對論就公佈了偏財運的爆發程式

大家會奇怪，現在是要算樂透密碼，這和愛因斯坦有何關係？適逢愛因斯坦的百年誕辰，大家又如火如荼的開始討論『相對論』之際，我赫然發現：其實相對論的內容與公式，就是和我們要中樂透彩的暴發運公式或偏財運公式是相同的。

相對論的公式是：

$$E=MC^2$$

（能量＝質量×光速^2）

此公式就是能量等於質量乘以光速的兩倍（平方）

愛因斯坦的相對論，講的就是『時間』與『空間』的關係，光速代表時間，質量是空間。每一個人對於自己身處環境的周遭，其時間與空間的感覺都不一樣。而愛因斯坦的物理學與相對論研究的就是這種時間與空間的關係，而我們在研究命理與偏財運、暴發運的人，也是在研究此種時間與空間的關係。

現在我們可以把偏財運的暴發能量與暴發力度變成一個新的公式，如下：

樂透密碼

$$\text{偏財運的暴發能量（暴發力度）} = \text{人的質量（本命財數）} \times \text{時間}^2\text{（兩種時間點）}$$

很多人都想知道自己的暴發運到底有多大？能創造多少財富？這個公式就十分清楚的顯現出人的偏財運的暴發能量與力度出來了。偏財運的暴發能量是由人本身的質量乘以時間的雙倍而成的。而**偏財運的能量**，就是偏財運暴發力度，也表示能暴發的有多大、多富。而**人的質量**，是指其人本命帶財數的多少而定的。有的人本命財數大，因此暴發時能至上億財富，而且還每隔六、七年就暴發一次，財富一直累積上去。

有一位日主是丁巳日，又生於酉月，生年又是庚年的朋友，命理帶財多，其暴發運大，幼年窮困，但三十五歲以後爆發偏財運，已至數十億美金的資產，而且後續仍繼續爆發中，人生最大一次暴發運，偏財運，還沒爆發。時間到之後，其偏財運的爆發威力是令人咋舌的！

有的人有偏財運但本命財數小，其人的偏財運的暴發力度和能量就會小。也許一生只有一次機會能爆發千萬之台幣的爆發力，因本命財數小，有的人甚至會錯過了時機，甚至沒暴發。有的人雖暴發了一次，卻以為終身有好運，氣勢很大的大搞生意，不斷的膨脹擴張，結果欠了一大筆終身都難以償還的債務。結果再細查其本命財數，其人根本就是窮命，但只有一生一次的偏財運而已。卻因這次偏財運而搞出一大堆負債（負數的財數）出來，豈不讓人嘆息。

在這個偏財運公式的時間問題上，**時間是代表兩個時間點。一個是你出生時間點**（年、月、日、時的十字標的）。此標的可分別出你是否有偏財運。必須具備偏財運格的時間標的，套用此公式才能有效算出。

另一個時間標的，就是爆發時的時間問題了，我們可由命盤中

精算流年、流月、流日的方法算出。（算法請看《如何算出你的偏財運》）

因此偏財運暴發能量的問題是學理問題，以後會以專書來討論，這本書只討論屬於樂透密碼的部份。這裡我只是告訴大家一個觀點，本命財多的人，才會中大獎，具有大財富。本命財少的人，縱使有偏財運，中了一些獎，花錢過了頭，也會有負債辛苦的日子。本命財少的人，中獎也中得小，次數也不多，亦可能一生只有一次機會。

好運隨你飆

法雲居士 著

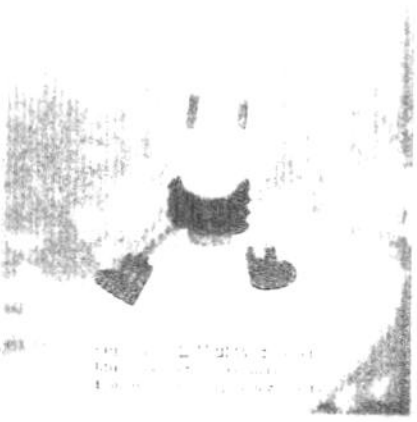

每一個人都希望事業能掌握好運而功成名就
你知道如何能得到『貴人運』、『交友運』、
『暴發運』、『金錢運』、『事業運』、
『偏財運』、『桃花運』嗎？
一切的好運其實只在於一個『時間』的問題
能掌握命運中的『旺運時間』
就能掌握一切的好運，要風得風，要雨得雨
好運隨你飆——便一點也不是難事了！
『好運隨你飆』——
是法雲居士繼『如何掌握旺運過一生』一書後，
再次向你解盤運氣掌握的重點，
讓你更準確的掌握命運！

③如何成為——樂透彩的富翁之一

❁❁❁❁

要成為樂透彩富翁，要具備兩個條件：偏財運格和爆發時間點。

③如何成為樂透彩的富翁之一

自從台灣開辦樂透彩以來，人人都想成為樂透彩的富翁之一，自然有許多彩友一天到晚算明牌，找神異，樂此不疲。

世界各地也都有各國所發行的樂透彩，常常創造出幸運之人，一夕之間擁有大財富。就是因為有這種神奇蹟式的戲劇效果，而吸引人們心嚮往之，而樂此不疲的。

但是從命理的角度來看，一個人財祿多寡是天注定的，能不能中樂透彩，也是天注定的，會中多大獎，有多少獎金也是天注定的，因此有許多彩迷們要失望了！

這個『天注定』之說，是非常科學的！也是精準的！因為這是

『時間』的問題，有了『時間』，就不得不精準，也不得不科學了。

倘若你想成為樂透彩的大富翁，有兩個時間點是你必須具備生條件。有了這兩個條件及時間點，你還必須接近樂透彩，你才有機會成為樂透彩的富翁之一。

兩個條件分別是：一、你的出生時間，生辰八字必須帶有偏財運格。二、必須大運、流年、流月、流日，甚至流時，都聚在一個焦點（爆發點）上，才可能暴發大財富，否則只是一般小獎。

我們先講第一個條件：『偏財運格』的問題

我多次說過，據統計，世界上的人有三分之一的人具有『偏財運』格，這是有很多人連他自己本身都不知道的！所以偶然買了一次樂透彩中了大獎，就以為是神鬼庇佑，也會以為從此就有神力之助，不可一世，以為從此就有好運相伴，再中個幾十次都沒問題了！其實這只是時間點、爆發點的問題，只要過了此時間點，一生中將可能再無機會回到爆發點了。

還有一種有趣現象，我常見到一些具有超級暴發運格的（俗稱偏財運）的人，並不喜歡買樂透彩，也很痛恨這種投機取巧的心態與行為，他們常會對著一些天天夢想發財的人嗤之以鼻。他們會努力工作，把好運爆發在工作事業上，因此能創造出較高層次的事業出來。

更有趣的是：我常見到一些根本不具有『暴發運』命格的人，倒是對樂透彩很熱衷，尤其是樂透彩獎金加碼時，或彩金直衝雲霄時，這些樂透彩的粉絲，就像飛蛾撲火一般，投入樂透彩，壯烈犧牲小我，而成就了另一些樂透彩的億萬富翁。這個狀況很像蟻群生態，工蟻無怨無悔至死的辛勤努力，供奉蟻后的優質生活，所生養的下一代只是一群工蟻，只有少數的一隻會被選出做蟻后。

每年中樂透彩的人，有不同的偏財運格

在命理上，『偏財運格』基本上分為『武貪格』、『火貪格』、『鈴貪格』。你可以印出命盤後，即可觀看出自己是屬於那一種形式的偏財運格。『武貪格』，會在命盤上辰、戌、丑、未四個宮位，有武曲星及貪狼星這兩顆星同在一個宮位或在對宮相照而形成的。這兩顆星在丑宮或未宮時，是同在一個宮位之中。**此種稱為『丑未武貪格』**，會在丑年（牛年）或未年（羊年）會爆發偏財運。但是有天空、地劫、化忌同宮時不會爆發，而失去爆發運。

『辰戌武貪格』則是在辰宮及戌宮各有一顆武曲星及貪狼星而

形成的。同樣是有天空、地劫、化忌同宮時，會不發，失去偏財運。

『火貪格』及『鈴貪格』，則是在子、午、卯、酉、寅、申、巳、亥等宮容易形成。這是生時的時辰有火星或鈴星和貪狼同宮或相照所形成的。『火貪格』和『鈴貪格』，其至有『武火貪』或『武鈴貪』格的雙重爆發運格，所爆發的錢財更多、更大。

現在就列舉出每一年，所擁有的偏財運格

子年：『火貪格』或『鈴貪格』（是『紫火貪』或『紫鈴貪』格）。

丑年：『武貪格』或『火貪』、『鈴貪』或『武火貪』、『武鈴貪』格。有五種形式會發生，但以『武貪格』為最主要的格。

寅年：『火貪格』或『鈴貪格』（是『廉火貪』或『廉鈴貪』格）。

卯年：『火貪格』或『鈴貪格』（是『紫火貪』或『紫鈴貪』格）。

辰年：『武貪格』為主。特殊格局才有『火貪』或『鈴貪』格。（更有『武火貪』、『武鈴貪』格。）

巳年：『火貪格』或『鈴貪格』（是『廉火貪』或『廉鈴貪』格）。

午年：『火貪格』或『鈴貪格』（是『紫火貪』或『紫鈴貪』格）。

未年：『武貪格』為主。特殊格局才有『火貪』、『鈴貪』或『武火貪』、『武鈴貪』格。

申年：『火貪格』或『鈴貪格』（是『廉火貪』或『廉鈴貪』格）。

酉年：『火貪格』或『鈴貪格』（是『紫火貪』或『紫鈴貪』格）。

戌年：『武貪格』為主。特殊格局才有『火貪』或『鈴貪』格。（更有『武火貪』、『武鈴貪』格。）

亥年：『火貪格』或『鈴貪格』（是『廉火貪』或『廉鈴貪』格）。

我們可以看到，每一種暴發格中都有貪狼這顆星。貪狼是好運星真是當之無愧了。沒有貪狼星，或貪狼帶化忌，或貪狼和天空、地劫同宮，就失去好運，好運成空，自然就沒有偏財運了。

第二個條件，就是暴發時間點的問題

當你知道了自己有偏財運格，而且知道是在那兩個或那一個宮位所形成的，自然那個宮位的名稱，就是你所會暴發偏財運的旺運之年。

例如，你的偏財運格是辰宮及戌宮相互對照的『武貪格』（有武曲及貪狼）分別在辰宮及戌宮，沒有天空、地劫及武曲化忌或貪狼化忌同宮，就是完美的『武貪格』。（你就會在辰年（龍年）及戌年（狗年）會爆發。

例如：你的偏財運格，是在卯宮或酉宮所形成的，有紫微、貪狼和火星或鈴星組合而成，那你就會在卯年（兔年）或酉年（雞年）有暴發運及偏財運。

得知了偏財運的年份，可繼續精算偏財運的月份、日子、時間出來，這樣你就可以坐等時間到來，再利用屬於自己生命密碼的數字，再出擊簽注買彩券，樂透富翁就非你莫屬了。

命理生活新智慧・叢書04

你一輩子有多少財

教你預估命中財富的方法

法雲居士◉著

已出版
熱賣中

◉有人含金鑰匙出生，
有人終身平淡無奇，
老天爺眞的是那麼不公平嗎？
你的命裡到底有多少財？
讓這本書告訴你！

④偏財運——在各宮有不同之意義

❁❁❁❁

偏財運格會影響人生，偏財運格所處的宮位就暗示命運的走向和結果……

④偏財運在各宮有不同之意義

在人的命盤上，『偏財運格』也就是『暴發格』出現在十二個宮位中，其實所代表的意義各有不同。

講這種意義的時候，其實仍要分『武貪格』，還是『火貪』或『鈴貪格』。

『武貪格』

『武貪格』在命宮或遷移宮出現，代表強悍的力量、喜歡賺錢，喜歡工作，為了賺錢而工作、自尊心強，對好運和錢財敏感，認為賺到錢就是好運，是故對錢財敏感，不一定會理財，但是很能抓住好運、旺運，使自己不斷的往上飛升。為人較現實。暴發運、偏財運爆發時，馬上就踴起來了！你的腦子和環境是相互配合的，應變能力極強，凡事喜歡自己做主，你的脾氣有些古怪，年青時或幼年不順，三十至三十五歲以後開始走好運。人生是大起大落的形式，未來也一定在事業上會有一定的成就。

『**武貪格**』**在夫妻宮**：你是外表文弱、內心強悍的人。你會找到有暴發運或有大起大落的人做配偶。在你的人生中也是這種大起大落的人生，你常會料理一些善後之事而不以為意，生活上是窮的時候多，富的時候少。

『**武貪格**』**在夫、官二宮形成時**：你的配偶和你的好運有連帶關係。你也會尋找會賺錢或會有好運的人來做配偶。因此有配偶就工作事業好，也易中大獎，無配偶，則事業不穩定，也不易中獎。

在你的心中會有投機心態，和好賭的心態，一輩子就被人賭掉了！

『武貪格』在官祿宮時：你是大膽、又大起大落的人，事業上有好運，能投資也能發，更會因為頭腦聰明及觀念佳，對數字敏銳而發大財。自然簽樂透時，是會研究明牌之人，而且會自成一套理論來贏得你的偏財運。

『武貪格』在財帛宮時，表示在錢財上有好運，偏財隨手可得，意外之財常有，但要中大獎仍要算好大運、流年、流月才行。你也容易做投機的工作或生意來賺錢。

武貪格在財、福二宮時：你也容易做投機的工作或生意來賺錢。表示你天生命格就是運用一些機會及信念、福氣來得到好運中大獎，或得到偏財運的。但是你不會投機取巧，仍會兢兢業業的努力來賺錢。偏財運會幫你把正財倍數相加，使你更富有。

樂透密碼

『**武貪格**』**只在福德宮時**：你是命中有一些偏財運，但你不一定會去運用之人。你也不一定會去買樂透中獎，你喜歡用存錢的方式來發富。如果你八字中財少，你就會去買樂透了，但這種人要中獎的機率也不大，因多半是有刑剋的『偏財運格』。

『**武貪格**』**在六親宮出現**，都表示六親不合，你在流年、大運上雖有偏財運，但須離家才會發。

『**武貪格**』**在兄弟宮時**，表示兄弟比你運氣好，也比你有錢，你一輩子都比不過他，你還是安份的守住你的偏財年較好。

『**武貪格**』**在兄、僕二宮時**，表示你和兄弟、朋友皆不和，兄弟、朋友都比你財多，也會帶財運給你，但你不一定會接受，如果能中樂透或偏財運，也會因為他們的關係所帶來的。

『**武貪格**』**在子女宮時**，表示你能因才華或子女帶給你好運，有意外之財，但你的子女或才華都未必是與你和善相處的，常是相互有刑剋不合，使你辛苦不已的人或事。

『武貪格』在子、田二宮時，表示你會有大起大落的一天，人生常像洗三溫暖一樣，再好的偏財運和再多的錢財及財富也將留不住。

『武貪格』在父母宮時，表示與父母不親密，相互不能溝通，父母會比你有錢及成就大，父母也會帶給你好運，但你不一定會接受，你更容易因父母而發財。

『武貪格』在父、疾二宮時，表示父母比你成就大，運氣好，會帶給你好運，你也會因為特殊的時間關係，或先天遺傳關係而得到偏財運。

『火貪格』或『鈴貪格』在十二個宮位有不同意義

『火貪格』或『鈴貪格』在命宮或遷移宮時，會脾氣古怪，非常聰明，但有躁鬱症。會凡事急躁、靜不下來。有偏財運，但也要等時機到才能發，但是也容易有意外之事或災害或暴起暴落之影響而使人生變化大，或更得不償失。

『火貪格』或『鈴貪格』在兄弟宮或僕役宮時，你和兄弟或朋友不合，兄弟或朋友脾氣壞，但有時他們也會帶意外好運給你。

『火貪格』或『鈴貪格』在夫妻宮或官祿宮時，在夫妻宮，代表內心有古怪的想法，凡事有突發的聰明及想創造奇蹟的意念，因此會做不按牌理出牌之事，會突然對某些人很好，或突然對某些人很壞，也會好賭成性，或把自己的人生弄成一個賭局，賭上自己的性命。你也會找到脾氣古怪的配偶，過和常人不一樣的婚姻生活，配偶也能為你帶來突發的好運。

在官祿宮，在事業上古怪、有好運，事業會大起大落，做不長，常換工作或改行，你是很聰明的人，但沒長性和定性，因此滾石不生苔，難以成就大事業。在工作、事業上也常會用賭一下的心態，因此暴起暴落很明顯。

『**火貪格**』**或**『**鈴貪格**』**在子女宮或田宅宮時**，表示子女少，或沒有子女，或是與子女沒緣份、沒結婚等很多種狀況，因此你家中人少、人丁單薄。也會存不住錢，家財少，或與家產無緣，無法繼承家產，只靠自己的偏財運、爆發運，但最終還是沒錢、易窮困。

『**火貪格**』**或**『**鈴貪格**』**在財帛宮或福德宮時**，表示你天生就是靠偏財運發富的人，但也會耗財多，不會理財。你亦會有奇怪的貪念，使你在人生的道路上起起伏伏、大起大落，所以你會花錢痛快，也會節儉度日，端看人生大運的狀態了。

『火貪格』或『鈴貪格』在父母宮或疾厄宮時，表示與父母不合，或與父母無緣，或父母脾氣壞，你會得自父母的遺傳也不好。父母也沒有什麼財產會留給你，你仍是靠自己的力量在生活的人。只是在流年逢父母宮、疾厄宮時會有一些偏財運，但中年以後要注意癌症或躁鬱症的問題。

⑤如何確定——自己的偏財運指數

❁❁❁❁

偏財運指數不但是爆發能量的大小，也顯示、會中樂透多少錢？

⑤ 如何確定自己的偏財運指數

所謂的『偏財運指數』，就是指的是偏財運的暴發力度的問題，也就是說想看看自己的暴發運能暴發到多少錢的問題。

前面說過，暴發運的指數，會根據你本命會帶財的多寡而定。本命財多的人，暴發運指數又高的人，能暴發的財富大，可以上億。本命財少，偏財運指數高，也能暴發幾千萬的財富。

如何來看你的偏財運指數

偏財運指數，就存在於你的『偏財格』之中，例如你是『武貪格』的偏財運格，那偏財運指數就包含在其中。例如你是『火貪格』的人，偏財運指數也會包含在其中。例如你是『火貪格』的人，偏財運指數也會包含在其中。

要找出自己的偏財運指數之層級高低，最好一方面參考自己的生辰八字，一方面參考自己的偏財運格局。

在這裡我先要指出：在命理上『武貪格』和『火貪格』或『鈴貪格』是不一樣的暴發運、偏財運的格局。但因大家最後得到的都是以錢財來計算的，故大家都以為此暴發運或偏財運都是得財的問題。有些是建功立業，或名聲上得利，未必直接和錢財有關。像『武貪格』就會趨向事業、名聲的獲得。但有些也會獲得錢財。另一方面『**武貪格**』**會出現在辰、戌、丑、未年**，這些土氣重之年，它是屬於一種悶悶的，再突然爆發的形式。會突發變好、變聰明了。

『**火貪格**』和『**鈴貪格**』會出現在子、午、卯、酉及寅、申、巳、亥年，是屬於生老病死、活動、變化頻繁之年。它會讓人奔波、忙碌、速度快、焦躁、不安，有時是在一種緊繃的情緒到連高點時，幾乎快崩潰了，才爆發的。

『武貪格』的偏財運指數如何確認

具有武貪格的人，其人之命盤格式必為『紫微在寅』、『紫微在申』、『紫微在巳』、『紫微在亥』等四個命盤格式。其人命盤上的武曲、貪狼兩顆星，也必然都是居廟位的。因此『武貪格』很強勢。但首先要確認你不是壬年或癸年生的人（壬年生的人有武曲化忌、癸年生的人，有貪狼化忌，皆無偏財運）。其次要確定沒有天空或地劫與武曲或貪狼同宮，因為這樣也無偏財運。有擎羊或陀羅，算是

樂透密碼

破格，會中得小一點或拖拖拉拉，也還是會中偏財運。

等到條件確立，都非常完美之後，表示你確定在辰年（龍年）、戌年（狗年）或丑、未年會爆發偏財運了。現在就要來看你本命帶財的問題，來衡量你的偏財運指數了。

本命帶財的問題，就要從八字中找財星。

例如：下列八字

庚寅

乙酉

日主　丁巳

辛丑

八字中，是以日干的字，代表其人自己。例如上列八字，日主丁火，為代表其人自己。月干支乙酉代表父母、兄弟輩，酉代表其人生時的環境，也代表其人一輩子的環境。而酉中有辛金，丁火的財，就是金，而且酉對丁火來說是偏財。在支上，巳、酉、丑會金局，又形成極大的財局。在年干上又有庚金，是正財。時干上又是辛金為偏財。因此此人的八字中全是財星，故此人的偏財運指數為頂級的、超級的偏財運指數了。況且若觀看其人紫微命盤，可看出其人的『武貪格』為帶有武曲化權的偏財格。亦為超強等級的偏財運指數了。

倘若我們把偏財運指數定為十級，從一到十級，一為第一等級，最高層次，第十級為最低層次。則此人之偏財運指數可列為第一等級。

※八字中最重要是要月支建祿帶財，因此其人才會一生富裕，若月支帶官煞，則有刑剋、辛勞，財未必多。

再看一個八字：

乙未
丙戌
日主 辛亥
己亥

此人的日主是辛金，月支所代表的環境是『戌』，戌是火土宮，戌中有戊丁辛，戌為九月，有戊土司權，戊土厚重高亢、火燥，對日主辛金是不利的，也不帶財星，辛金的財是甲乙木。此人八字支上，亥未會木局，亦為財局。亥中含壬甲，甲木為正財。又有乙木在年干上，乙木為偏財。所以綜合來說，此人有偏財運，但指數層級未必很高。而且很可能是一生才有一次的最大偏財運。其數值在兩千萬元上下。

偏財運指數等級，列於第五級左右。

『火貪格』及『鈴貪格』的偏財運指數如何確認

具有『火貪格』或『鈴貪格』的人，其人是命盤格式必為『紫微在子』、『紫微在午』、『紫微在丑』、『紫微在未』、『紫微在卯』、『紫微在酉』、『紫微在辰』、『紫微在戌』八個命盤格式的人。也有古怪的火貪格或鈴貪格，是『武貪格』不成而形成某一宮有『火貪』或『鈴貪』的形式。此種古怪的『火貪』或『鈴貪格』，下一章會講到。

『火貪格』或『鈴貪格』要分辨偏財運指數，比較好分辨的，就是以命盤上，火星、鈴星、貪狼這三顆星的旺度來分，就能分出等級高下了。倘若再配以八字帶財的多寡，就更明確了。

例如貪狼在寅、申二宮居平，在卯、酉二宮也居平，但是紫貪同宮，貪狼居平時，運氣就不強了。此時要端看火、鈴的旺度如何。例如火貪、或鈴貪，在寅宮出現，火、鈴居廟，則偏財運的暴發力仍很強，也能得大財富。如果貪狼在子宮，貪狼居旺，但火、鈴居陷，能暴發的錢財，也具有三、五百萬而已。有時八字中財少的人，只有數十萬的爆發力度而已。

如果是在巳亥宮的廉貪加火、鈴的偏財運，則以在巳宮，火、鈴居旺為佳，偏財運稍大。在亥宮的偏財運則很小，數十萬或數百萬元很了不起了。這是因為在巳、亥宮的廉貞、貪狼二星俱陷落的關係所造成的。

『火貪格』、『鈴貪格』的排行榜

① 火貪格（鈴貪格）在午宮

② 火貪格（鈴貪格）在寅宮

③ 火貪格（鈴貪格）在酉宮

④ 火貪格（鈴貪格）在子宮

⑤ 火貪格（鈴貪格）在巳宮

⑥ 火貪格（鈴貪格）在卯宮

⑦ 火貪格（鈴貪格）在申宮

⑧ 火貪格（鈴貪格）在亥宮

倘若再加辰戌丑未等宮中的『火貪』及『鈴貪』格之排行榜

樂透密碼

（這還要看對宮是否有武曲化忌或貪狼化忌，或天空、地劫，如果有這些星，其偏財運指數仍要打折扣的）

目前之排列榜是不包含破格的偏財運指數排行榜

①　火貪格（鈴貪格）在戌宮
②　火貪格（鈴貪格）在丑宮
③　火貪格（鈴貪格）在午宮
④　火貪格（鈴貪格）在寅宮
⑤　火貪格（鈴貪格）在未宮
⑥　火貪格（鈴貪格）在辰宮
⑦　火貪格（鈴貪格）在酉宮
⑧　火貪格（鈴貪格）在子宮
⑨　火貪格（鈴貪格）在巳宮
⑩　火貪格（鈴貪格）在卯宮
⑪　火貪格（鈴貪格）在申宮
⑫　火貪格（鈴貪格）在亥宮

第一等級、最高等級是上億元至百億的偏財運指數，最後一個等級只有數萬元至數千元等級的偏財運指數。倘若你用每個等級級距少一個零來計算偏財運財富價值，你就可很輕易的算出你的偏財運能為你創造出多少財富出來了。

偏財運有大有小

由前面所知，火星、鈴星、貪狼三顆星的旺弱，會左右偏財運爆發力量的大小。爆發力量的大小自然也和得到的錢財有關。

其次本命帶財的多寡？是帶正財？還是偏財的多少，也和偏財運的大小有關。例如一個人本命中正財多，偏財有但弱，在八字中只見一個偏財，因此會等很久才中一個獎。或是中獎中得小，沒中多少錢。

倘若八字中根本就不見財星，其人有偏財運格，會在偶然的機會中來中獎，但錢財也不會太多，偏財運也不會太大。

每個人的偏財運都不相同，就算相同八字的，偏財運的大小也不見得一樣。這是每個人所走的時間歷程各自不同。每個人都在屬於自己的個人時間軌道上獨步慢行，你是走不到別人的時間軌道上去的。就像你自己的生命要自己活，別人是沒辦法幫你活的。

⑥古怪的偏財運格

❋❋❋❋❋

壬年和癸年生的人是不易有偏財運格的，若依然能形成偏財格局，定會形成古怪的偏財運格。

⑥ 古怪的偏財運格

我算命多年，又專門喜歡研究暴發運或偏財運對人的影響，自然會碰到一些古怪的人，帶有古怪的偏財格。

有一位先生是壬年生的人，照道理說，有武曲化忌，就無偏財運了。但對宮有貪狼和火星形成『火貪格』，因此只有一個宮位會爆發偏財運。而且『火貪格』所處的宮位剛好是夫妻宮在辰宮。在命理上，夫妻宮也代表其人內心深處的想法，因此代表其人想什麼時候去賺偏財，就什麼時候會有偏財運。但大體上，其人仍是會在差不多偏財運到來時，彷佛冥冥之中，有人帶領他去找偏財。此人倒是不簽大家樂或樂透，而是從事職業賭場的貴賓。他認為等樂透彩中獎，太慢了。真正要拼樂透彩，也不知能中多少？況且要十二年才等一次大的，太久了！所以他寧願出入國際賭場，光明正大的贏走別人的錢。有趣的是：他把我的一本書《如何算出你的偏財運》看得滾瓜爛熟，還來告訴我：『老師！你這種算偏財運的時間點真準！每次我算好日子出門，必有斬獲，真是大快人心啊！』因為他起先是靠感覺的，覺得有運氣就去賭，但不是十拿九穩的順手。後來無意中，在書店看到我寫的這本《如何算你的偏財運》之後，學會了算偏財運時間的方法，就失誤少了，而且多半贏大錢，十分開心。有趣的是從此人的命盤上也找不出平生最大一次的偏財運時間出來，因為根本不會逢到。因為其人要到一百一十一歲時，才會有平生最大一次偏財運，而其人至七十一歲就可能意外身亡，故根本不會逢到平生最大一次偏財運。

某先生的命盤

兄弟宮 巨門 乙巳	命　宮 廉貞 天相 鈴星 2－11 丙午	父母宮 天梁化祿 文昌 文曲 12 － 21 丁未	福德宮 七殺 天空 22 － 31 戊申
夫妻宮 貪狼 火星 甲辰	陽男 水二局		田宅宮 天同 32 － 41 己酉
子女宮 太陰 右弼 癸卯			官祿宮 武曲化忌 陀羅 42 － 51 庚戌
財帛宮 紫微化權 天府 地劫 82 － 91 壬寅	疾厄宮 天機 72 － 81 癸丑	遷移宮 破軍 擎羊 ＜身＞ 62 － 71 壬子	僕役宮 太陽 祿存 左輔化科 52 － 61 辛亥

⑦如何找出——屬於自己的樂透密碼

✵✵✵✵✵✵

每個人所會爆發的偏財運格都不一樣，所以每個人會中的樂透密碼也不一樣，每個人會有自己金鑰匙來打開自己的樂透密碼。

⑦ 如何找出屬於自己的樂透密碼

『樂透密碼』就是一個人自己的『生命密碼』

何謂『生命密碼』呢？

『生命密碼』就是一個人的『財數』。

那又何謂『財數』呢？

『財數』有兩種意義：一種是人本所帶財的多寡（這關係著你活著的這輩子富不富有？財富有多少？能不能過好日子？以及身體

樂透密碼

健康狀況的好壞？以及人生中勞碌辛苦的程度之類的問題，都包括在其中。）

另一種所代表之意義，就是在你生命中所擁有能使你發財的數字。（也就是會帶財給你的數量）今天我們要談的，就是這一部份的數量。至於前面部份的人生財數，我在其他很多本書都常常談到。

神祕的生命數字

中國人自古以來就會對一些幸運數字做一番形容。例如六六大順的『6』、一路『發』的『8』……等等。但每個人也都有屬於自己的幸運數字。例如：有的人認為『7』是很 Lucky 的，有的人認為『5』是吉祥數字。但這些都只能算是你自己喜歡的數字而已，並不見得真正是你的生命數字。

在每個人的生命中會有一組生命數字。這可能是隱藏的，可能是你從來也不知道的，也可能是你根本就不喜歡的數字。這些數字從『1』，到『9』、到『0』，（中國人用一、二、三、四、五、六、七、八、九、十），它都是會在人的生命中關鍵時刻才會出現的。

有時候，你會特別關心或喜愛某些數字，例如『9』或『5』或『6』或『8』，於是你覺得這些數字和你有緣，對你有利。但實際上，這些數字只是經由你時常提起，或是由環境中的傳播渲染，而使你在潛意識之下，覺得這些數字會對你有利。

人真正的生命密碼、生命數字就藏在你的生辰八字之中。而你若是命中具有偏財運的人，則這些生命數字、生命密碼，也就成為屬於你的『樂透密碼』了！

樂透密碼

樂透密碼怎麼看？
屬於你的財數有那些？

屬於你的財數、生命數字和生命密碼，是由你的生辰八字而得生出來的。

例如：

有一位鄭先生的生日是一九七九年農曆閏6月23日辰時生人。

此人本命中有很強的帶權祿的『武貪格』暴發運。（生日已過了立秋，算七月生人）

八字是：

己未
壬申
日主　甲寅
戊辰

因此在鄭先生的財數中，以『5』、『9』、『6』、『2』、『1』為重要。

尤其是『5』和『6』兩個數字和『9』尤為重要。最次的財數是『7』、『0』、『3』、『4』，『8』不會出現。

倘若他要算樂透，現今台灣大樂透最大的數字是49，那麼鄭先生的樂透密碼就是05、09、06、15、25、19、29、26、16、12、21，這些數字。

其他如17、27、20、02、01、30、31、32、34、35、36、37、39、41、14、24、45、42、46，可能偶而會隨機出現一、兩個，但不會必然出現。（可由下注當時靈機一動來撰擇）。

而鄭先生在64歲及70歲時，有平生最大之兩次偏財運機會，因此05、09、06、15、25、19、29、26、16、12、21，這些數字就是能令鄭先生發富，是能使他得鉅額獎金的號碼了。尤其是『5』的組合，在鄭先生的生命中是十分十分的重要的！

因為鄭先生的日主是甲木，甲木的財星就是戊、己土。而己土是正財。戊土是偏財。故要暴發偏財運，就非戊土所代表的數字『5』不可了。而鄭先生也會在他七十歲時所爆發的偏財運最旺、最大。所暴發的錢財也最多，這是因為一方面那一年是他走龍年運程逢武曲化祿之年，再者，那一年是戊辰年，而和他的本命相合帶財之故，所以能暴發的偏財數量也特別大。

⑧如何找出——隱藏於命運中的神奇數字

每個人有專屬於自己的財數，會隱藏於你的命運之中，如影隨形，不離不棄，如何使它顯現出來……

❀❀❀❀❀

⑧ 如何找出隱藏於命運中的神奇數字

到底這些神奇的『生命數字』是如何隱藏在你的命運之中的呢？

其實在人的生命中本來就擁有一些數字。這些數字就好像生命基本物質一般，依附在你的生命體上。這些數字有些是帶財的，有些不帶財。本命帶財多的人，其人就擁有較多的『帶財的數字』。本命帶財少的人，就擁有較少的『帶財數字』。某些命窮的人，本命無財的人，也會根本就絲毫沒有擁有『帶財數字』。在他的命格中會出

樂透密碼

現根本無用、對其人也無多大用處的數字。也就是如廢物般的數字。而這些人也不太會賺錢，因為命窮手緊的緣故，常會騙人、害人，到處去弄錢，常常負債，拖累別人，有些人也能負債數千萬之譜，令人詐舌！我常想：這些人還真敢呢！他以為自己能借到這麼多錢，就算是自己命中多財了。殊不知，要能還錢的人，才是命中有財，還不了錢的人，只要看八字，就知道了。以後要借錢給別人，最好先要對方附上生辰八字，有個保障，就知道他是否會還錢了。這比請保人還有效。

找神奇數字的第一個步驟：先從八字著手

先把生辰年月日轉變成八字。

1 你可翻查萬年曆（本社有出版《新世紀中原標準萬年曆》及

《萬事吉居家商用萬年曆》二本），先把年、月、日、時的干支找出來。

2 你可上網至『金星出版社網站』，右上角有印命盤功能，印出命盤，命盤上就有準確的生辰八字了。金星出版社網站為：

http://www.venusco.com.tw

第二個步驟：先找命中的『財星』

有了生辰八字以後，先看日主是什麼？再由日主去找於自己的『財』是那一類的五行類別。

甲木的財星是戊土和己土。戊土是偏財，己土是正財。

乙木的財星也是戊土和己土。但戊土是正財，己土是偏財。

丙火的財星是庚金和辛金。庚金是偏財。辛金是正財。
丁火的財星是庚金和辛金。庚金是正財。辛金是偏財。
己土的財星是壬水和癸水。壬水是正財。癸水是偏財。
戊土的財星是壬水和癸水。壬水是偏財。癸水是正財。
庚金的財星是甲木和乙木。甲木是偏財。乙木是正財。
辛金的財星也是甲木和乙木。甲木是正財。乙木是偏財。
壬水的財星是丙火和丁火。丙火是偏財，丁火是正財。
癸水的財星也是丙火和丁火。丙火是正財，丁火是偏財。
※今天我們要找的是樂透中獎數字，故以偏財為重，要找偏財的財星才行。正財財星就不必研究了。

如何從生辰八字中找偏財星

生辰八字的排列是這樣的：

己未——年柱
壬申——月柱
日主　甲寅——日柱
戊辰——時柱

八字又稱四柱，有年柱、月柱、日柱、時柱。日柱上面一個字為『日干』，就是『日主』。『日主』代表屬於你自己這個人的五行屬性。例如日主是『甲』，就是日主是『甲木』的人。查前面，日主的財是戊、己土。偏財是『戊土』。『戊土』就是你要找的偏財星了。

例如日主是『庚』，代表是庚金，庚金的偏財星就是甲木。

例如日主是『癸』，代表是癸水，癸水的偏財星就是丁火。

例如日主是『丙』，代表是丙火，丙火的偏財星就是庚金。

找到偏財星之後，再看這些五行所代表的數字。

第三個步驟：把財星轉變成數字

1	2	3	4	5	6	7	8	9	0
甲	乙	丙	丁	戊	己	庚	辛	壬	癸

甲代表1，乙代表2，丙代表3，丁代表4，戊代表5，己代表6，庚代表7，辛代表8，壬代表9，癸代表0。

第四個步驟：要把八字中的內含五行全找出來

在我們所一目瞭然的八字四柱上，你一下子只可看出上排天干的五行，也只能轉變這些數字。但四柱下排地支上的字，就讓你傻眼了，這怎辦？

現在就讓我們來找『地支含用』。『地支含用』，又稱『人元支用』，又稱『藏干』。為地支中所藏之氣。

地支人元支用圖

<table>
<tr><td>巳
庚戊丙</td><td>午
己丁</td><td>未
乙丁己</td><td>申
戊壬庚</td></tr>
<tr><td>金　戊丙
生　　祿</td><td>祿己丁</td><td>墓木</td><td>庚　水
祿　生</td></tr>
<tr><td>辰
癸乙戊</td><td rowspan="4" colspan="2">人元地支藏用圖</td><td>酉
辛</td></tr>
<tr><td>墓　水</td><td>祿　辛</td></tr>
<tr><td>卯
乙</td><td>戌
辛丁戊</td></tr>
<tr><td>祿　乙</td><td>墓　火</td></tr>
<tr><td>寅
戊丙甲</td><td>丑
辛癸己</td><td>子
癸</td><td>亥
甲壬</td></tr>
<tr><td>甲　土火
祿　　生</td><td>墓　金</td><td>祿　癸</td><td>木　壬
生　祿</td></tr>
</table>

『地支含用』的解釋

『子』裡面有癸水。(癸水最多)，含癸。

『丑』裡面有己土、癸水、辛金。含己、辛、癸。

『寅』裡面有甲木、丙火、戊土。(甲、丙是最多的)，含甲、丙、丁。

『卯』裡面有乙木。(乙木最多)，含乙。

『辰』裡面有戊土、乙木、癸水。含戊、乙、癸。

『巳』裡面有丙火、戊土、庚金。(丙、戊最多)，含丙、戊。

『午』裡面有丁火、己土。(丁火、己土都很多)，含丁、己。

『未』裡面有己土、丁火、乙木。，含己、丁、乙。

『申』裡面有庚金、壬水、戊土。(庚、壬都很多)，含庚、壬。

『酉』裡面只有辛金。（金是辛金），含辛。

『戌』裡面有戊土、丁火、辛金。（戊土最多、辛金次之），含戊、丁、辛。

『亥』裡面有壬水、甲木。，含壬、甲。

樂透密碼

第五個步驟：

八字含用的示意法

以前者八字為例：

壬申：戊、壬、庚

日主
甲寅：戊、丙、甲

戊辰：癸、乙、戊

第六個步驟：

把八字中所帶有的數字加上

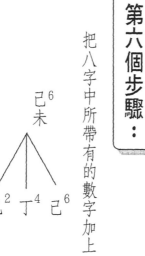

己 6
未：乙 2、丁 4、己 6

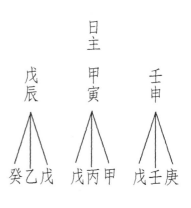

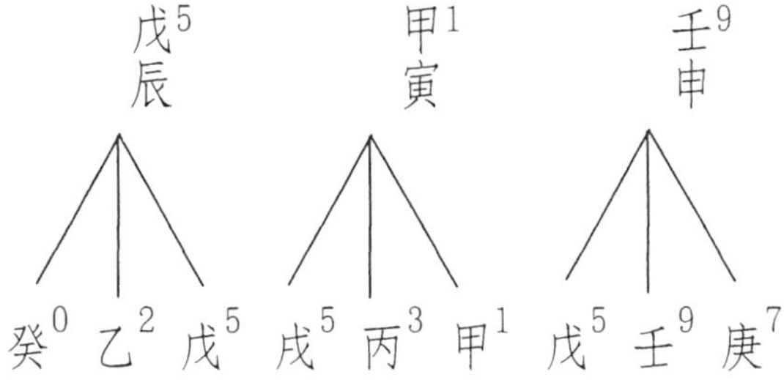
戊5
辰
甲1
寅
壬9
申
癸0 乙2 戊5
戊5 丙3 甲1
戊5 壬9 庚7

第七個步驟：

根據統計，此人八字中的數字有：

甲有兩個，也就是數字『1』有兩個。

乙有兩個，也就是數字『2』有兩個。

丙有一個，也就是數字『3』有一個。

丁有一個，也就是數字『4』有一個。

戊有四個，也就是數字『5』有四個。

己有二個，也就是數字『6』有二個。

庚有一個，也就是數字『7』有一個。

辛有0個，也就是數字『8』有0個。

壬有二個，也就是數字『9』有二個。

癸有一個，也就是數字『0』有一個。

因此你可以看到此人命格中，最多的數字是戊土，而戊土正是他的偏財。己土有兩個，而己土正是他的正財，因此此人中獎機率非常高。只要再加上年、月、日、時的掌握，定能爆發中獎的大財富的。

第八個步驟：

先找出『重要數字』的組合。

要找出重要數字的組合，就要先挑選出在八字中出現有二次以上的數字出來。例如『1』、『2』、『6』、『9』、『5』是超級強的數字，在爆發運中它必是主導數字。尤其是『5』這個數字，中獎關鍵就會是它！

其他出現一次的數字，例如『3』、『4』、『7』、『0』，這四個數字是可做參考或配套用的數字，有時候也可簽一簽。但未必是必中的數字。

『8』這個數字在八字中沒出現過，表示它和你是無緣的，不會使你生財。

第九個步驟：

用『重要數字』和『超級數字』來組合一些數字。你也可視當前你的需要而定。例如目前大樂透到49號。因此只要組合這些數字在49號之內就好了。

現在就先用『1』、『2』、『6』、『9』、『5』來組合一些數字。

例如：01、02、06、09、05、11、12、21、22、19、16、15、26、25、29。這些數字是非常重要，會中大獎的數字。

其次再用次級重要的數字再加入配對組合。

再把在八字中出現過一次的數字加入一起配對組合，就產生了下列一些數字。

例如：31、32、33、34、36、37、39、35、41、42、46、23、27、24、20、30、07、04、03、13、14、17、10等等。

所以此人的樂透密碼就出來了。

第十個步驟：分類出財數質量多寡的樂透密碼出來

並且，因為『5』和『6』是此人的財星的關係，因此05、15、25、35、45、06、16、26、36、46這些數字都超級非常有機率出現在鄭先生的生命重要關頭了。尤其是『5』的字尾的字。

第二種超級層次有機率出現的數字是：01、02、09、11、12、21、22、19、29。

第三種有機率出現的數字是：03、04、07、10、13、14、17、20、23、24、27、30、31、32、33、34、37、41、42、43、44、47、49（這一組的數字會出現的機率是相對比較少的，可隨機抽出你自己喜歡的數字來簽）

再舉一例：

有位在羊年中過樂透獎二千多萬元的朋友來找我，希望能解決心中迷團。因為在羊年（二〇〇三年）年底中的獎，到今年雞年已兩手空空了。他想問我的問題有兩個：一、在與他同期中獎的人有中到上億的獎金，為何他只中了兩千多萬元？難道他的命有那麼差嗎？二、何時能再中獎，何時能再中多一些？

你看他的問題多勁爆？倘若有一個毫無偏財運的人站在旁邊聽著，一定會氣爆了！

許多嚐過偏財運甜頭，又失去偏財運錢財的人來找我，開頭第一句話都是這麼說：『老師！我看過你的很多書，你也講過有『暴起暴落』這件事，但是錢還是搞光了！老師，你看看我命理有多少財？還有沒有機會東山再起？再中一次獎來還債？』

這些人　然聽過無數次忠告，仍然會在財去人也不安樂時，才會想到再回頭來找我的。所以我最怕聽到有人說：『老師！我看過很多你的書，你在書中說的都很對！好事情都發生了。但是我還是沒留住錢，還是欠債，要怎麼辦？』

這就是『命』囉！

現在言歸正傳，此人的八字是：

乙未
丙戌
日主　辛亥
己亥

此人的八字喜用神為壬水。九月生辛金，以火土為病，為官煞。以水木為藥，故以壬、甲為有用。日主辛金的『財』是甲木、乙木，以乙木為正財。以甲木為偏財。

八字含用示意法及所含有的數字顯示：

日主			
己[6]	辛[8]	丙[3]	乙[2]
亥	亥	戌	未

甲[1] 壬[9]　甲[1] 壬[9]　辛[8] 丁[4] 戊[5]　乙[2] 丁[4] 己[6]

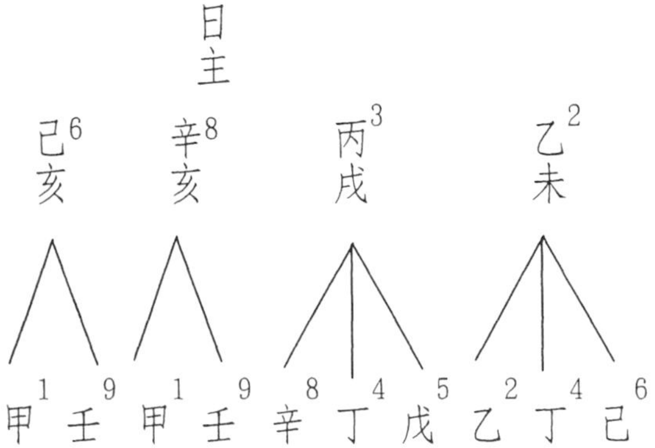

經過統計：

1甲－2個
2乙－2個
3丙－1個
4丁－2個
5戊－1個
6己－2個
7庚－0個
8辛－2個
9壬－2個
0癸－0個

所以此人0尾和7尾的數字都可放棄不選了，而以9尾、1尾、2尾、8尾的字為最重要。

以樂透獎 38/6 或 49/6 來講

01、11、21、*31、41
02、12、22、32、42
03、13、23、*33、43
04、14、24、34、44

有*記號數字是比較弱的數字

樂透密碼

*05、15、25、*35、45
06、16、26、36、46
08、18、28、38、48
09、19、29、39、49

最帶財的數字是：

01、02、12、21、11、18、19、29、28

根據此人的記憶，當時中獎的號碼中，就有21、28、29等數字。

現在來回答此人的問題：

此人的日主是辛金，生於戌月。九月的辛金是陰柔的辛金，九月又是戊土司權秉令之時，戊土是厚重、高亢、火燥的土，最怕土旺埋金。需甲木疏土。壬甲須並用才能有富貴。今此人的命局中有丙火出干，丙辛相合不化（不能化水）。支上有亥未會木局，可以疏土。因此可為有學歷的人。戌宮為火墓，有丙火出干，就會引化甲木，反生戊土出來，有水則可制火生木，因此要用壬水做用神。吉方、財方：北方。

此人原住南部高雄，馬年財窮、不順，故而北上找工作，羊年國曆十一月（農十月）在北部買樂透彩而中獎。如果一直待在南部也未必會去買彩券而中獎了。

從此人的八字中可看出，其人年幼時家境不佳，重要財星會在八字的日支和時支上，而且是偏財。所以此人在年近半百時，才會發大財中獎，至於此人為何未中上億的大獎，而只中二千多萬元，完全是在於其人生於戌月，有火土為病相剋，雖八字支上亥未會木局，形成財局，但其人財祿的層級只達到某個等級，能有兩千多萬的彩金很不錯了。如果他生的生月是亥月或寅月，是甲木旺的月份，財的層級會增大，命中真正的財也會多。

順便提一下命中財多的生月：

日主甲、乙木的人，生於辰月、丑月。

日主丙、丁火的人，生於酉月、申月。

日主戊、己土的人，生於亥、子、丑月。

日主庚、辛金的人，生於寅月、卯月、亥月。

日主壬、癸水的人，生於巳月、五月。

至於此人何時再有偏財運？請看命盤：

遷移宮 天府 65 — 74 辛巳	疾厄宮 天同 太陰化忌 55 — 64 壬午	財帛宮 武曲 貪狼 45 — 54 癸未	子女宮 太陽 巨門 火星 35 — 44 甲申
僕役宮 擎羊 天傷 75 — 84 庚辰	陰男 乙未 丙戌 辛亥 己亥		夫妻宮 天相 鈴星 <身> 25 — 34 乙酉
官祿宮 廉貞 破軍 祿存 文曲 己卯			兄弟宮 天機化祿 天梁化權 地劫 15 — 24 丙戌
田宅宮 陀羅 右弼 戊寅	福德宮 己丑	父母宮 左輔 天空 戊子	命宮 紫微化科 七殺 文昌 5 — 14 丁亥

此人在羊年實歲48歲，虛歲49歲時中樂透獎，此人是『未宮武貪格』的暴發運，而且這次中獎，正逢大運、流年、流月三重逢合，是一生中最大一次偏財運了。以後每逢未年（羊年）還是會有偏財運，但大運不在偏財運上，也會發得小了，到下一個丑年時，因虛歲已至55歲，大運已過了偏財運，因此很可能已無法再發得那麼大了。（中國人算命皆以農曆和虛歲為主）

至於此人為何會暴起暴落這麼快呢？

我們看：此人為紫微化科、七殺、文昌坐命亥宮的人，長相還氣派、斯文、文質彬彬，父親早逝，家中有長兄、長姐，排行第三，為老么，其人財帛宮就是武貪格，而官祿宮為廉破、祿存、文曲，這是手中所用的錢財上有好運，但事業方面是保守、又窮的格局。一輩子要破就破在事業上了。再加上其夫妻宮有天相陷落、鈴星。表示其人內心有古怪的聰明。一方面事情都愈想愈壞，有消極的觀念。但一方面又有古怪的聰明、處處取巧的想法。有這樣的官祿宮，事業會愈做愈窮，只能為別人做事領薪水，也要預防卯、酉、寅、辰年有不順，會失業。此人雖表面保守，但中獎後經不起兄姐的鼓吹，再加上自己頑固的自以為是，而投資做生意，就像賭一場梭哈一般，一把就定輸贏了。目前尚欠債數百萬。

我們就以他的流年運程來說，羊年為『武貪格』暴發了。中年（猴年）為陽巨、火星陷落的運程，運氣下滑的速度很快，是非又多。到雞年（酉年），走『天相陷落、鈴星運』，福星陷落為不吉，自然運氣更慘了，還會有意外的事故發生而遭災呢！而其人在55歲以後所走大運正是『天同、太陰化忌』在午宮的大運，這一個窮運，也會工作變化起伏多端，而生活不富裕。要到65至74歲之間的大運才會變好，所以他一生一次的最大偏財運是不再會有的了。有時會有一些小偏財可發還是不錯的。

⑨如何算出自己一生最大之偏財運在何時——

有偏財運的人，一生才有一次的最大、超級的偏財運，能中樂透獎，則必是超級偏財運爆發了！

⑨如何算出自己一生最大之偏財運在何時

凡是有偏財運的人，都應該先算出自己一生最大一次偏財運在何時，這樣你才能規劃出買樂透彩的投資金額出來。平常不在偏財運格局的年份時，買少一點。甚至於不買，不要浪費金錢。在有偏財運的年份則投資大一點。倘若適逢平生最大一次偏財運的時機，就要傾全力一搏了！非買一個簽注站的套餐不可了，否則豈不失去良機，或是中得小了？

凡是對樂透彩有興趣，又具有偏財運的人都應該做上述的計劃

樂透密碼

來分配投資簽注的資金才行！你的錢應該投資在該使力的時刻上，一些不具有偏財運的時間或日子，是不需要亂投銀彈，以免損失銀子。

要算出自己一生最大一次的偏財運時間，其實很簡單，只要算出大運、流年、流月、流日，只要三個時間的交會點重逢在一點上，便會爆發平生最大一次偏財運了。

如何算法：

第一、先找出落於偏財運格上的大運年歲出來。

第二、找出偏財運流年。找出偏財運宮位的地支名稱，就知道逢何年有偏財運。例如『武貪格』在丑宮，就是丑年有偏財運。例如『火貪格』在卯、酉宮，就是兔年和雞年有偏財運。

第三、找出偏財運流月。在命盤上十二個宮位上，由偏財運流年上逆數生月，再順數生時回來，所逢之宮位，就是當年一月，再由一月順時針方向算到偏財運宮位，看是幾月，則能得知偏財運流月在幾月了。

第四、找出偏財運流日。在偏財運流月上開始算，實際就是偏財運宮位開始算，因此偏財運流日，就是在初一、十三、二十五日是最強的偏財運日。倘若偏財運格是對宮相照而成的，也會再有初七、十九這兩天加入偏財運日。

其實當大運、流年、流月三個條件，三度重逢在一點上時，就會有平生最大一次的偏財運了。

舉例說明：

子女宮	夫妻宮	兄弟宮	命宮
紫微 七殺 文曲 辛巳	壬午	陀羅 癸未	祿存 2－11 甲申
財帛宮 天機 天梁 鈴星 庚辰	陽男 水二局 日主 庚寅 乙酉 丁巳 辛丑		**父母宮** 廉貞 破軍 擎羊 文昌 12－21 乙酉
疾厄宮 天相 右弼 己卯			**福德宮** 天空 <身> 22－31 丙戌
遷移宮 太陽化祿 巨門 火星 62－71 戊寅	**僕役宮** 武曲化權 貪狼 52－61 己丑	**官祿宮** 天同化科 太陰化忌 地劫 42－51 戊子	**田宅宮** 天府 32－41 丁亥

如前面命盤，我們可以看到此人的『武貪格』在丑宮（僕役宮），而且還是武曲化權、貪狼同宮，故是暴發錢財極大，極強勢的偏財運格，此宮也正是僕役宮，因此其人能靠朋友而暴發偏財運，獲得大財富。在這個宮位，我們同時看到大運標示的是52～61歲之間的大運。

我們可先看他的屬相是什麼？再看他目前幾歲？此人是庚寅年生的人，目前到酉年已55歲了，再算下去到丑宮的宮位，以農曆算剛好是六十歲，這個數字剛好在52至61之間，故知道此人在六十歲時逢牛年有平生最大一次偏財運。

還要算出那一月有偏財運，也很簡單。就從牛年的丑宮開始逆時針方向數生月，此人是八月生的，逆時針方向數到8月，在午宮。再由午宮順時針方向數生時丑時，到未宮，是丑年的農曆一月，再由未宮起算一月，順時針方向數到丑宮偏財運宮位是7，故為7月是偏財月。

此人因為偏財宮位的對宮（未宮）是陀羅，故對宮的偏財運不太感覺得到，且會拖拖拉拉，因此只有牛年的七月最有偏財運。而六十歲逢牛年的七月就是會爆發平生最大一次偏財運的機會了。

也有人一生會有兩次最大的偏財運

某些人一生也會有兩次最大之偏財運，因為其偏財運格是由兩個對宮所形成的，因此在行運時，一次最大之偏財運會在其人幼年碰到，另一個最大之偏財運會在老年時碰到。但是偏財運格屬於暴發格，是不發少年時的，多半以30至35歲左右爆發，格局才會完美。因此嚴格的說起來，這種一生有兩次最大偏財運的人，其實還是只發在老年時的那一次偏財運，小時候的偏財運則無感覺了。

⑩由開獎日的時間標的——來找幸運號碼

✿✿✿✿✿

偏財運是時間條件所形成的。時間的問題，由時間來解決。『時間標的』中也隱藏幸運數字及號碼。

⑩ 由開獎日的時間標的來找幸運號碼

我們都知道，『時間』這種東西，是由年、月、日、時，四種條件所組成的。我在我的書中也多次提到過，這年、月、日、時四種條件就像四條經緯線交互相交、交叉，在一點上，形成一個時間的『十字座標』。這個十字座標會處於地球繞太陽而行的黃道之上。凡是有時間，就有這個十字座標。自然這個十字座標是不斷往前移動的。

當我們人類出生時，有了生辰年、月、日，便會在宇宙中、黃道上留下十字座標的印記，那就是我們的生辰八字，當這個人死亡時，也是會有停止的十字座標。因為生命不復存在，故這個十字標記，就不再被太多的人記起，所以我們認為人死亡後，十字標記就消失了。其實那個十字標記是每一秒、每一分、每一小時，每一天都不斷在更新變化的。它不會幫人類記那麼多事，它只走自己的路。而這個十字標記（時間）是我們人類賦與它的記錄器而已。

時間的十字標記，在我們人類的記憶中是十分要緊的東西。尤其對於有偏財運的人來說，是十分重要的，倘若錯過了，就悔恨萬分了

開獎日也有『時間標的』，我們可以把開獎日的『時間標的』拿來換算成數字，也能找到易中獎的號碼。

其實由許多經驗、試驗當中，我發現日干支帶火的日子，數字

3和4出現的比例較多。日干支帶水的日子，數字9和0或7或8的數字出現較多。

例如2005年6月27日，那一天是壬午日，壬午所代表的數字4和9都在大樂透中出現了。

倘若我們再以這天的『年、月、日、時』的時間『十字標的』來看的話，你會更驚訝出現的數字更多，幾乎可中到二獎了。那一天頭獎摃龜，二獎只有一人獨得。倘若你會精算這種數字，那近千萬的彩金獨得者，就可能是你這個幸運兒所得到了吧！

現在公布由時間標的來選號碼數字的方法：

西元2005年6月27日的年、月、日之干支，分別是乙酉年、壬午月、壬午日。由於是晚間八點多開獎，故為庚戌時。時間標的排列如下：

年	月	日主	時
乙	壬	壬	庚
酉	午	午	戌

年柱上：乙代表『2』，酉中有辛金，代表『8』。

月柱上：壬代表『9』，年中有丁巳祿，丁代表『4』，己代表『6』。

日柱上：壬代表『9』，午中有丁己祿，丁代表『4』，己代表『6』。

時柱上：庚代表『7』，戌中有戊丁辛，戊代表『5』，丁代表

『4』，辛代表『8』。

總計起來，『4』有3個，很強了，容易在開獎中出現，『8』有兩個也容易出現『9』有兩個，也容易出現，其他還有2、6、7、5等號碼數字

2005年6月27日的大樂透的開獎號碼號是：

49、43、17、22、37、10，特別號08

所以你看！49、43、17、22、37、10和特別號08都會在干支日中出現，唯有10是未意料到的。這一部份就只有靠你的運氣去臆測了！

＊2005年是酉年（雞年），也必須是『卯酉火貪格』或『卯酉鈴貪格』的人才會中獎。其他偏財運不是此格局的人，你也未必能簽中這些數字會中獎！就像我本身很知道這些方法，但時候未

樂透密碼

到，仍然是望運嘆的！

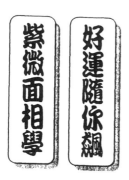

⑪如何找出——自己的財方來簽樂透

❁❁❁❁❁❁

財方是一個人元神所在的方位，也是一個人之精神磁場的目標方向。每個人要朝向自己的財方努力邁進，才會獲得一生中最大的財富。也才會中樂透！

⑪ 如何找出自己的財方
來簽樂透

每個人有專屬於自己的財方。觀其名就知道，『財方』是進財的方位。要去簽樂透彩時，當然要去到能為自己生財、進財的方位來簽牌，是對自己最有利的。

偏財運是一個極高、極大的旺運，一定要配合天時、地利、人和才會中大　。到自己的財方去簽樂透，就是先站在地利之上，先到先贏了！只要再挑選天時、人和，就萬事齊備，只等中獎了。

有的人豪爽的說：他是不講究這個選風水才來下注樂透彩的，

當然他也不在乎中不中獎了，而這個時常損龜的人，你也聽不到他有什麼中獎的喜事。

所以要到自己的財方去簽樂透彩是非常非常重要的事。這會攸關你偏財運中得大或小的問題，也會攸關你獲得財富數目大小層級的問題。因此，你不得不注意！有些人不知道自己的財方。結果隨便找了一家投注就下了注，中了一些小錢還沾沾自喜。但如果他能確切的找出自己的財方，在偏財運暴發的時刻，再到財方去下注，其中獎金額會比先前糊塗簽注的方式有數倍的差距或有天壤之別。

這是為什麼呢？

其實在人生活的環境中天生自然的就有財方、吉方、凶方、死方等方位。對我們人類生活有利的，就是財方、吉方。對我們人類生活不利，會刑剋我們的方位，就是凶方，會刑剋我們至死的，就是死方了。就像去宜蘭方向九拐十八彎的地方，會車禍死亡的人，東北方就是他的死方了。若是在南部遇災而亡，南方就是他的死方，而北方是他的吉方，也可能是財方。

所謂的財方，就是會賺到大錢的地方。偏財運是一個極高層次的旺運，除非你對你偏財運不抱有任何渴望，否則你不會輕易的漏失這個尋找財方的好消息。

到底人的財方怎麼找呢？

要找財方，需根據八字來找，先找出八字中能五行中和的元素，稱為人的喜用神。有了喜用神之後，財方就自然出現了。

要找人八字中的喜用神，是八字學的精華，不是短期所能學得會的。但是你可請精通八字學的算命老師幫你找喜用神，有了喜用神之後，你就知道自己的財方是何方位了。

例如：

喜用神是甲木、乙木的，你的財方是東方。東南方和東北方是吉方。

喜用神是丙火、丁火的，你的財方是南方。東南方和西南方是吉方。

喜用神是戊土、己土的，你的財方是南方或中部。吉方是西南方。

喜用神是庚金、辛金的，你的財方是西方，吉方是西北方、北方。

喜用神是壬水、癸水的，你的財方是北方。吉方是西方、西北方。

知道自己的財方之後，簽注時，就要往自己的財方去簽，才會讓自己得到大利益，就算不是在偏財運的時日裡在財方下注，偶而也會有小利可圖，中些小獎，因此好處多多。

至於吉方是否可用來簽注呢？當然也可以，只不過所謂吉方，通常是指尚吉之方位，也就是次吉，大致還算吉祥的方位，當然趨吉的力量、力道是不如財方的了。所以想中大獎，想發財，當然還是用最有利、最主富的財方為最佳之選了。

有了財方之後，就會為你的偏財運來加分了！

有了財方之後，最簡單、最近的，你可以你家為中心，找出屬於你的財方方向出來，再找那個方向的投注站去簽買樂透，勝算更大。

財方在大環境中代表那些地方？

現在這個時代，是人的流動很迅速的時代，因為飛機這種交通工具很發達，縮短了地球上東西南北的距離。

因此，人的眼界與世界觀就　大了。所以你要中樂透彩，不一定只中台灣的樂透彩，你還可中外國的、歐美或大陸，或世界各地的樂透彩了。

那些人可去中歐美的樂透彩？那些人又可去中熱帶地區的樂透彩金呢？

現在我們先看財方所代表方位的地區或國家：

財方是東方的地區和國家，是東部地區，如花蓮、台東，也代表中國大陸的東部，如浙江、福建省、廣東或帶有『東』字的城市，如東菅等。在國家方面，代表日本。

財方是南方的地區和國家，是台灣南部，如高雄、屏東、台南，也代表中國大陸南部城市，如廈門、福州、香港等地，在國家方面代表新加坡、泰國、越南、吉隆坡、印尼、菲律賓、澳洲等國。

財方是屬土的，可選南部的城市與國家。也可選台灣中部的城市，中國大陸中部的城市、內陸城市等。在國家方面可選土耳其、伊朗、印度、巴基斯坦等。

財方是西方或北方的，屬於金水系列的財方，可選歐洲、美洲等國家，如美國、加拿大、瑞士、英法、義大利、奧大利等國，紐西蘭、西非也算金水系列的國家。

情況就明顯了！**財方是南方的人**，要是到新加坡、泰國、越南、菲律賓、香港去簽注中獎或賭馬，簽六合彩，會容易中大獎。這種人若是到歐美去，則易窮困而運氣不好，也易人生沒成就。

如果財方是西方、北方的人則到新加坡、泰國、越南等地不吉，也不會中大獎。反而是到歐美、加拿大，則容易有出頭天及中大獎。因此**你若是財方在西方或北方，你適合在偏財運的時間，到歐洲，或美國去簽樂透**，必有大斬獲，而且你也必須在平生最大一次偏財運時卯足了精神，到美國或歐洲去簽樂透，才不虛此生！

⑿財方也是你——大運運行的方向及旺地

❁❁❁❁

財方的方向也是大運運行的方向，更是大運運行的最佳運程。

⑫ 財方也是你大運運行的方向及旺地

財方是指出你能求財順利之方位。財方由喜用神求出。喜用神又是能補足你生命中缺少之五行元素，喜用神是人命格中的良藥，也是能扶助本命，能達成行運順利、身強財旺、富貴顯達之重要關鍵的配方。

喜用神既能顯示財方之方位，當然也能代表大運運行時最佳的方向及旺地。只要走到那個地方或時間、年紀上，你就發了，所以這一點你不能不知道！

喜用神為『甲木』者——行木運最佳，大運走到木運，你就發了。同時也運行東方，東方為你最旺之地和方位。

喜用神為『乙木』者——行木運最佳，大運走到木火運你就發了。同時也運行東方、東方或東南方為你最旺之地或方位。

喜用神為『木火』皆可者——行木火運大發。東南方為你最旺之方位和地區。

喜用神為『丙火』、『丁火』者——行火運最佳，大運走到火運，或有『丙丁』二字的大運就發了。南方為你最旺之地和方位。

喜用神為『火土』者——行火土運最佳，大運走到火運或土運，或有丙、丁、戊、己等字的大運就發了。南方或中部地區或土多之地，為你最旺之地和方位。

喜用神為『戊土』者——行土運或火土為佳，大運走到有『戊』字或丙、丁二字的大運就發了。中土地區、中部、南部土多之地為你最旺之方位和地區。

喜用神為『己土』者——分為兩種，一種是本命火多缺水者，以己土潤濕救助者，大運走到有『己』字或『壬、癸』二字的大運就發了。旺地和方位，在中部偏北的地方。

另一種是『己土混壬』的格局，表示八字中水太多、太寒，又無戊土築堤防、水易泛濫之命格。因此，用『己土混壬』的方式來救助。大運以走到有『己』、『丙、丁』等字的大運會發。旺地也是以中部偏南的方位和地區為主。

喜用神為『金水』者——行金水運最佳，大運走到『庚、辛』、『壬、癸』等字就發了。西北方為你最旺之方位和地區。

喜用神為『庚金』、『辛金』者——行金運或西方運最佳，大運走到有『庚』、『辛』二字的大運就發了。西方為你最旺之方位和地區。

喜用神為『壬水』或『癸水』者——行水運或北方運最佳，大運走到有『壬』、『癸』二字就發了。北方為你最旺之方位和地區。

※由每個人自己的喜用神所定之的最吉方位、方向，以及大運所行經的爆發偏財運年歲，才是你自己最重要、最真切的有利方位和爆發時間點，知道這些，才能使你更能掌握自己的命運！

⑬如何選擇——簽注買樂透的時間

✵✵✵✵

簽注買樂透的時間非常重要，一定要是偏財運時間，才會中！

⑬ 如何選擇簽注買樂透的時間

想要買樂透來中大獎，是不能隨便買的，並不是有什麼規矩要守，而是具有偏財運的人，都有屬於自己會中獎的偏財運時間。**偏財運時間中有偏財年、偏財月、偏財日和偏財時辰**。

前面講過，**偏財年**完全以你的偏財運格之格局形式與偏財運格落入那一宮或那兩宮而定，偏財運格由卯、酉宮所形成的，就是逢卯、酉年而為偏財年了。

偏財月要精算該偏財年的流月一月出來，再順數至偏財位，就知道偏財月是那一月了。其對宮的那一個月也是偏財月，故一年有

樂透密碼

兩個偏財月。

偏財日就是以偏財月的那個宮位起初一，再接下來就是初七、十三、十九、二十五日皆是偏財日。

偏財時辰

『子午火貪格』、『子午鈴貪格』：偏財時辰在晚間子時（晚間十一時至凌晨一時）及午間午時（中午十一時至下午一時之間）。因此你在台灣買樂透，就必須選中午十一時至下午一時之間的時間去簽注。夜子時，台灣簽注站是休息的，但你可上網去買外國的樂透。

『丑、未武貪格』：偏財運時辰為凌晨一時至三時，以及下午約一時至下午三時前。故你在台灣就適合在白天下午時分一時至三時之間去買樂透。其他的時間是不具備偏財運的。

『**寅申火貪格**』、『**寅申鈴貪格**』：偏財運時辰在凌晨三時至五時，以及下午的十五時至十七時。其他的時間也沒用。

『**卯酉火貪格**』、『**卯酉鈴貪格**』：偏財運時辰在早晨五時至七時，以及下午十七時至十九時。酉時的時辰較可用來買樂透。卯時的時辰可買外國樂透。

『**辰戌武貪格**』：偏財運時辰在早晨七時至九時，以及晚間十九時至二十一時。台灣的樂透目前是晚間八點半才開獎，因此有這種武貪格的人，可在開獎前一刻去買，能立即享有中獎的快樂。

『**巳亥火貪格**』、『**巳亥鈴貪格**』：偏財運時辰在早上九時至十一時，以及夜間二十一時至二十三時，所以在台灣要買樂透，只有用早上的時間去買了。夜間可上網買外國的樂透。

紫微幫你找工作

『男怕入錯行，女怕嫁錯郎』。

現在的人都怕入錯行。

你目前的職業是否真是適合你的行業？

入了這一行，為何不賺錢？

你要到何時才會有自己滿意的收入？

法雲居士用紫微命理幫你找出發財、升官之路，並且告訴你何時是你事業上的高峰期，

要怎麼做才會找到自己有興趣的工作？

要怎樣做才能讓工作一帆風順、青雲直上，沒有波折？

『紫微幫你找工作』就是這麼一本處處為你著想，為你打算、幫助你思考的一本書。

⑭用干支來找——偏財運的開獎日

✵✵✵✵✵

時間『標的』有吉凶之分別！日干支會應對人中偏財運的精髓，開獎日必是喜神得用的干支日！

⑭ 用干支來找偏財運的開獎日

一個人想中頭獎，想得到最佳的旺運——偏財運，想從千千萬萬上的頭人踩過，去得到獨一無二的獎項——金錢或財富，自然在時間點的巧合上，是不能沒有條件的。而且條件還很多！

我發覺每次要中獎，日子的干支是一定會配合進去的。不論中大獎或小獎，日子的干支鐵定是在你的偏財運干支日之中才會發生的。

例如：我本人是具有『辰戌武貪格』偏財運的人。去年甲申年並不是我會爆發的年，但會有小獎機會。在農曆六月初，我無意間和朋友去喝咖啡，適逢那一家咖啡連鎖店周年慶，舉辦抽獎活動，當時就填了一張彩券資料，後來經通知，知道我中了義大利八日旅遊的頭獎。當時因詐欺案件甚多，還多次經過確認，我才相信中了大獎。後來這個行程讓父親去快樂的遊玩了幾天。

朋友們說：你實在太好運了！當然這只是個小獎。但是我事後查翻萬年曆，赫然發現：中獎的那天國曆七月二十日（開獎日），就是我的偏財運干支日庚子日。所以偏財運絕不是偶然發生的，一定是在時間的經緯線交織到最精密的交會點才會發生的！

現在就讓我們看看偏財運的干支日有那些？

偏財運干支日

大運所在之處為東方運時，偏財運干支日為『甲寅、乙卯』日。
大運所在之處為東南運時，偏財運干支日為『丙戌、丁亥』日。
大運所在之處為南方運時，偏財運干支日為『丙午、丁未』日。
大運所在之處為西南運時，偏財運干支日為『丙申、丁酉』日。
大運所在之處為西方運時，偏財運干支日為『庚申、辛酉』日。
大運所在之處為西北運時，偏財運干支日為『**庚子、辛丑、壬申**』日。
大運所在之處為北方運時，偏財運干支為『壬子、癸丑』日。
大運所在之處為東北運時，偏財運干支為『壬寅、癸卯』日。

※偏財運的日干支或偏財運強的年份，也可在你的命盤中找到，

它會在你命盤上最優的宮位中右下角的宮位干支上出現。你也會發現這些干支出現的宮位，同時也是你運氣最好、最旺的宮位。

樂透密碼

你一輩子有多少財

⑮用開獎日干支——來找中獎吉數

❁❁❁❁❁

時間『標的』中暗藏著許多數字，尤其有利於我們的偏財運時間中的數字，就是中獎吉數！

⑮ 用開獎日干支來找中獎吉數

開獎日的干支對我們彩迷來說，或是對任何人來說都是非常重要的。因為若是你本命是需要喜用神為金水系列的人，那麼日子是申、子、辰日，對你來說就非常吉利，也容易中獎，有好運，心情好、生活愜意。如果你本命是需要喜用神為木火系列或火土系列的人，那麼日子、日支是寅、午、戌日，會對你吉利，易於爆發偏財運，也會讓你心情較奮發、愉快。

開獎日的干支裡也隱含著許多數字，若能對我們有利，就是吉數。例如『子』日的『子』中就包括了數字：『0』、『01』、『05』、『09』等數字，還有『7』也是個三合吉數的數字。但光是以日支

樂透密碼

來評論仍是不足的，因『子日』有甲子、丙子、戊子、庚子、壬子之分。因此以干支合併來找吉數最佳。

開獎日生肖吉數

鼠	子	0, 1, 5, 9, 7
牛	丑	2, 6, 8
虎	寅	3, 9, 11, 7, 29
兔	卯	4, 10, 8, 12
龍	辰	5, 9, 34, 01
蛇	巳	6, 25, 10, 12
馬	午	7, 14, 1, 3, 39
羊	未	8, 2, 6, 20, 32
猴	申	9, 5, 01, 21
雞	酉	10, 22, 34, 40
狗	戌	5, 11, 23, 35
豬	亥	6, 18, 24

十二地支靈動數

地支	靈動數	五行
子	5	水
丑	9	土
寅	4	木
卯	2	木
辰	0	土
巳	1	火
午	8	火
未	3	火
申	6	金
酉	0	金
戌	7	土
亥	2	水

樂透密碼

開獎日干支吉數

子日（鼠日）：

甲子日：01 09 05 07 10 11 15 19 17

丙子日：01 03 09 13 30 15 39 37

戊子日：01 05 09 15 25 35

庚子日：01 05 07 17 27 31 37

壬子日：01 09 10 11 19 29 39

丑日（牛日）：

乙丑日：02 06 12 08 26 18 28 32 36 38 48

丁丑日：02 03 06 08 23 26 28 32 36 38

己丑日：06 08 16 26 28 15 38

辛丑日：08 09 18 29 39 48 28

癸丑日：01 05 10 09 08 07 15 20 25 35 39 38

寅日（虎日）：

甲寅日：01 13 15 25 29

丙寅日：03 23 33 35 39

戊寅日：03 05 35 25 39 43

庚寅日：01 03 07 05 17 23 35 37

壬寅日：09 03 07 30 19 39

樂透密碼

卯日（兔日）：

乙卯日：02 04 20 32 06 08 36 38

丁卯日：04 06 08 44 42 48

己卯日：06 24 26 22 32 44

辛卯日：08 04 02 18 38 48

癸卯日：02 04 10 20 32 40

辰日（龍日）：

甲辰日：05 15 10 27 33 34

丙辰日：03 05 35 26 28 38 48

戊辰日：05 15 25 34

庚辰日：07 05 25 37 47

壬辰日：01 10 15 35 45 49

巳日（蛇日）：

乙巳日：02 06 26 38 46

丁巳日：04 14 24 42 45

己巳日：06 13 16 18 36 38 46

辛巳日：08 12 18 25 23 31 43

癸巳日：06 12 13 30 40

樂透密碼

午日（馬日）：

甲午日：13 17 19 25 31 37 43

丙午日：01 07 23 37 33 35 39 45

戊午日：05 15 04 14 16 38

庚午日：07 17 24 37 38

壬午日：09 13 14 19 25 31 37 43

未日（羊日）：

乙未日：02 03 08 14 23 28 32 38 48

丁未日：04 06 24 26 32 44

己未日：06 13 18 25 32 36 43

辛未日：08 26 33 36 42

癸未日：04 09 13 16 20 40

申日（猴日）：

甲申日：01 11 17 23 29 35 41

丙申日：03 09 31 37 39 43 49

戊申日：05 09 11 16 25 31 43 45

庚申日：07 09 19 27 37 49

壬申日：09 15 16 21 33 39 47

樂透密碼

酉日（雞日）：

乙酉日：02 20 26 28 32 38 44

丁酉日：04 21 34 40 43 48

己酉日：06 08 13 25 26 28 35 38

辛酉日：08 18 20 36 42 47

癸酉日：09 10 19 20 30 39 40

戌日（狗日）：

甲戌日：11 22 31 43

丙戌日：03 23 31 38 44

戊戌日：05 15 18 25 35 37 45

庚戌日：07 17 25 37 39

壬戌日：01 08 10 31 40

亥日（豬日）：

乙亥日：02 20 21 12 29 39

丁亥日：04 09 39 41 49

己亥日：05 15 28 39

辛亥日：08 18 19 28 39

癸亥日：10 09 20 29 30 40

⑯如何運用——

拖牌及版路精華來找吉數

❋❋❋❋❋

研究樂透者會鑽研各種方法理論。拖牌及版路精華就是其中之一，能幫助我們統計數字。

⑯ 如何運用拖牌及版路精華來找吉數

中國人非常聰明，台灣人更是聰明，自從台灣開辦樂透之後，彩迷們利用統計學、微積分和各式各樣的統計方式來計算出會開出的中獎號碼。現今也有許多軟體能計算出拖牌的方式。對於拖牌是非常有意思的巧合，我偶而也研究一、二，下面是樂透開出該號碼後，下期會拖出的號碼，以供大家參考，但還是那句老話，你要跟那一些數字磁場相合，那些數字就會成為你的生命財數，也才會在重要關頭出現，助你一臂之力。那些與你磁場不相合的數字，總是該出現的時候不出現，不該出現的時候又跑出來。

拖牌版路精華：

樂透開出號碼後下期會拖出號碼，請參考：

號碼	下期主支號數
①	拖出7尾號數，例如27、37
②	拖出4尾或6尾號數，例如04、26、36
③	可拖出6尾號數，例如26、36
④	可拖出12、27有7次

⑤	可拖出9尾號數，例如29、39
⑥	拖出21、31連莊
⑦	會拖出27、21
⑧	會拖出16、26、36
⑨	會拖出21、33、31、13
⑩	會拖出11、22、33
⑪	會拖出25、35
⑫	會拖出12達16次之多，20、21、22連三期

樂透密碼

⑬	⑭	⑮	⑯	⑰	⑱	⑲	⑳
會拖出19、29	會拖出28、29、31	會拖出29、33、37、42	會拖出15、29、35	會拖出16、26	會拖出29、31	會拖出21、31、15、35	會拖出11、22、33

㉑	會拖出11、19、40
㉒	會拖出19、29、39等9尾數字
㉓	會拖出1尾數字，連2期內有
㉔	會拖出06、28、29
㉕	會拖出9尾數字，如19、29、39或4、5連莊
㉖	會拖出22、33等雙胞胎數字
㉗	會拖出0尾如20、30數字或28
㉘	會拖出0尾或0頭數字，如04或40

㉙	㉚	㉛	㉜	㉝	㉞	㉟	㊱
會拖出11、22、33	會拖出04、34	會拖出01、05、15、17、19	會拖出8尾，如28、38	會拖出34有7次之多，19、25、35	會拖出29達8次之多，拖39達7次，拖19、27	拖27、29，而40、41連莊	拖出19、27、37、39

㊲	拖出18、21、28
㊳	拖出29、39之9尾數和42。
㊴	拖出11、25、26
㊵	拖出11、22、33
㊶	拖出16、26之6尾
㊷	拖出6尾和8尾，如16、26和28、38

紫微成功交友術

成功的人都有成功的好朋友！
失敗的人也都有運程晦暗的朋友！
好朋友能幫助你在人生中『大躍進』！
壞朋友只能為你『扯後腿』！
如何交到好朋友？
好提升自己人生的層次，進入成功者的行列！
『交友成功術』教你掌握『每一個交到益友的企機』！
讓你此生不虛此行！

⑰地域不同——幸運數字也會有偏向

✽✽✽✽

在地球上各處地方所處的方位環境不同，幸運數字也會變化對應。

⑰ 地域不同，幸運數字也會有偏向

你是否有觀察到：在台灣這個地方所開出的樂透獎號碼，最多出現的就是1、2、3、4這四個數字了。根據台灣公益彩券機構公佈：

在大樂透方面：

前十名球號出現的是：25、30、4、28、31、34、10、11、22、26。

6/49 樂透	6/49 大樂透開獎號統計表（第 093001 期至 094051 期）									
球號	25	30	4	28	31	34	10	11	22	26
次數	33	31	27	27	27	27	26	26	26	26
球號	36	43	1	14	44	2	3	5	6	33
次數	26	26	25	25	25	24	24	24	24	24
球號	41	45	46	48	49	13	21	42	23	38
次數	24	24	24	24	24	23	23	23	22	22
球號	12	16	17	7	15	29	47	37	8	20
次數	21	21	21	20	20	20	20	19	18	18
球號	27	32	40	9	19	24	18	39	35	
次數	18	18	18	17	17	17	16	16	12	

＊資料來源：中華民國公益彩券網站
http://www.roclotto.com.tw

完全都是在1、2、3、4的範疇之內。

樂透彩 6/38	樂透彩 6/38　樂透彩開獎號統計表（第 091001 期至 094051 期）									
球號	12	34	37	28	21	35	11	9	32	33
次數	80	78	73	71	69	68	68	67	66	66
球號	4	7	30	36	24	25	40	26	27	2
次數	65	64	64	63	63	63	63	62	62	62
球號	1	19	29	23	20	14	15	3	5	17
次數	61	61	61	61	60	60	60	60	58	58
球號	13	39	41	31	22	18	8	10	6	38
次數	58	58	57	57	56	56	56	55	50	50
球號	42	16								
次數	49	46								

＊資料來源：中華民國公益彩券網站
http://www.roclotto.com.tw

前十名球號出現的是：12、34、37、28、21、35、11、9、

前十名球號出現的是：12、34、37、28、21、35、11、9、32、33。你可發現12號彩球竟出現80次，居冠。34號也出現了78次，次之。37及28號也出現了70次以上的紀錄，再則『21』號有69次，『11』號有68次。『32』號有66次，『33』號有66次，『4』號球有65次之多。

其他樂合彩方面：

前十名的球號是：30、3、2、16、12、34、22、40、36、28。

在四星彩方面：

在前五名的球號是3、6、0、9、2。有3和2入圍。

為何1、2、3、4會如此熱門猖狂？

大家會納悶，為何球號1號、2號、3號、4號或是1尾、2尾、3尾、4尾，或是1頭、2頭、3頭、4頭的數字會這麼熱門的出現呢？幾乎在不同次開獎中，猖狂肆虐？你會說：『樂透獎只有這些數字嘛！』

其實不然！

要不然你看西班牙在2005年6月份開獎號碼中，就會以0、9、8、7號球數字為多。

你看！短短一個月之中，帶0的數字，就有15個多，帶7、

8、9的數字，總共也有13個之多。

這主要是台灣地處東南亞地區，是地域的關係較熱，在中國大陸的東南方，東南所代表的數字，就是1、2、3、4，所以台灣所開出的數字，每期幾乎都和這些數字有關。

而西班牙地處西歐，屬於金水系列的國家，自然由庚、辛、壬、癸所代表的7、8、9、0等球號會出現得多了。

倘若你的喜用神是金水系列的人，財方是西方，或北方，也要多到西歐國家去簽7、8、9、0這些數字，會幫你創造更大的財富。

June 2005 Results	
Draw Date	Winning Numbers
Thu-2nd-June	03, 04, 08, 19, 29, 31
Sat-4th-June	05, 11, 20, 29, 33, 49
Thu-9th-June	02, 21, 25, 28, 34, 38
Sat-11th-June	07, 12, 29, 37, 40, 42
Thu-16th-June	10, 16, 24, 25, 27, 47
Sat-18th-June	15, 16, 20, 30, 32, 42
Thu-23th-June	08, 13, 16, 24, 25, 40
Sat-25th-June	03, 06, 11, 14, 33, 47
※資料來源：http://www.internet-secure.net/results_all/sp-results.htm	

如何掌握你的桃花運

桃花運不但有異性緣，

也有人緣，還主財運、官運，

你知道如何利用桃花運來增財運與官運的方法嗎？

桃花運太多與桃花運太少的人都有許多的煩惱！

要如何解決這些問題？如何把桃花運化為善緣？

助你處世順利又升官發財，

現代人的ＥＱ寶典！

你不能不知道！

⑱時序也會——影響幸運數字

❁❁❁❁

春、夏、秋、冬，氣候寒暑，亦會影響幸運數字的出現！

⑱ 時序也會影響幸運數字

大紀元的時序

所謂的時序，在命理方面稱此紀元是指現今是下元『八白』時序上，因這個時序是自西元一九八四年至二〇四三年，這六十年屬於下元，當旺的是八白星，而以東方最旺，故在東方的中國大陸和地處東南隅的台灣，經濟狀況都會比其他地區要佳。也因為紀元時間上逢到的關係，因此，1、2、3、4這些數字會較容易出現在中獎彩球之中。

樂透密碼

春、夏、秋、冬的時序

另一種時序是指季節更換的時序，例如春、夏、秋、冬的時序及月份的時序，溫熱寒冷之氣候變化，也會影響大環境的靈動觸機。

例如：春夏季節的時候，是屬於木火旺的季節時序，則五行屬木、屬火的數字號球則容易多出現，因此1、2、3、4等數字是比較熱門的數字。

秋冬季節的時候，屬於金水進氣泛瀾之時的季節時序，則五行屬金、屬水的數字號球則容易出現的較多。因此7、8、9、0等號球會稍熱門一些。

至於5、6這種五行屬土的數字，則是夏、秋二季會較旺的。

⑲尋找——偏財風水的投注站下注

❁❁❁❁

會常開出樂透大獎的投注站，必具有偏財風水，最適合有偏財運的人前去簽注！

⑲ 尋找偏財風水的投注站下注

你是否曾聽說某一個好運的投注站曾數度開出頭獎？你是否也打聽出那一個投注站是經常有大獎出現在他家的？

這些常能開出大獎的投注站，就是具有偏財風水的投注站。他們會匯集人氣，也會更招引有偏財運的人過去投注，因此偏財運更旺了。倘若你正逢平生最大一次的偏財運，當然是不可錯過如此大好良機，應提早精心策劃一下，先觀察，以你的住家為中心，並找出自己的財方方位的方向，又常開出大獎的有名的投注站去下注，

樂透密碼

這樣才容易中更大的獎，也才不會浪費了平生最大一次的偏財運，也才能容易得到上億的財富。

這裡再提一下！**某些財方是西方或北方的朋友們**，若想到歐美或中國大陸北方去下注當地的樂透彩，最好也對當地多熟悉一下，找出當地熱門的投注站來下注，才會更利多。財方是南方的人，可到新加坡、越南、泰國或中大陸的南方等地去簽彩券，當然還是要選人氣旺的投注站，才容易中的。

目前網路發達，有一些在網路上號稱跟政府合作的樂透彩的官方網站，想讓網友在線上投注。看起來真是很方便，無遠弗屆的就能投注西班牙、英國、義大利、法國等地的樂透彩。但是，朋友們你必需要小心！這些號稱跟政府合作的官方網站根本就是私人網站，跟『官方』、跟政府都沒有關係，這些網站也很可能隨時都不見了，所以你投注的金錢往往以美金計價，很可能也會入了無底洞，而中獎的夢想泡湯了。至今尚未聽說有任何一個代理公司幫客戶買樂透而中大獎的。

你想一想！有偏財運的人是你，你託人在外國買彩券，但代替你去買彩券的人當時並不具備偏財運，因此他未必能幫你買到會中獎的號碼。只有你親自去買，才最準，會中！

因此，你若預先算到有偏財運的流年、流月、流日，就可預先規劃到你的財方去旅遊一趟，一方面完成你的偏財運大事，一方面也能快樂旅遊。

移民、投資方位學

法雲居士⊙著

這本『移民・投資方位學』是順應現代世界移民潮流而精心研究所推出的一本書，

每個人都有自己專屬的生命磁場的方位，才能生活、生存的愉快順利，也才會容易獲得財富。搞不清自己生命磁場方位而誤入忌方的人，甚至會遭受劫殺。至少也會賺不到錢而窮困。

法雲居士利用紫微命理的方式向你解釋為什麼有些人會在移民或向外投資上發展成功，為什麼某些人會失敗、困頓，怎麼樣才能找對自己的正確方向，使你在移民、對外投資上，才不會去走冤枉路、花冤枉錢。

⑳如何創造——自己的爆發環境

❁❁❁❁

人想要中樂透才會中樂透！要為自己創造爆發環境，偏財運才會爆發！

⑳ 如何創造自己的爆發環境

愛因斯坦在他的相對論之中，認為每個宇宙都有他自己的時間，而人是可以在自己的時間中創造自己的環境的。從物理學的角度來看，人都可創造自己的環境。自然從命理學的角度來說，每個人都自成一個獨立自主的小宇宙。『人生』就是人活著的時間移動快慢的過程。所以具有偏財運、暴發運的人，想在自己的時間中（人生中）來創造偏財運的爆發環境，就不是不可能的事，而且是責無旁貸，必須當即立做之事了。

如何創造自己的爆發環境

第一、要創造自己的爆發環境，首先就要到自己的旺運方——『財方』去。最好也要塑造一個具有偏財風水的生活空間。生活作息都在這個時時與偏財運有關的環境之中。人一定要接觸偏財運，才易爆發得大。否則矇矇懂懂的，會錯失最大的偏財運。

第二、要常和中獎或錢財之事在一起。沒事時，常到錢多的地方，如銀行或人多的商店、百貨公司走走，多匯集人氣、旺氣才行。尤其偏財運格為帶有破格（帶有羊、陀）時，會成為『刑運』色彩的偏財格，爆發偏財會小，其人也常可能因不想動和不想和人來往而誤失偏財運良機，故此種人更要常到人多處聚集人氣，來破除羊、陀所帶來之略帶刑剋之偏財運了。

另一方面要常到簽樂透彩的簽注站多走走看看，一方面瞭解彩金狀況，偶而也常簽一些，等自己偏財運時刻真正來時，你已十分有經驗來選號碼下注了，這像自然也會對你未來中大獎是有利的。

第三、在自己日常生活環境中，要多使用偏財運顏色來佈置自己四周的環境。更要常穿易於中獎的偏財運顏色的衣物用品，把自己放在一個完全和偏財運有關的氣氛環境之中才行。

※某些人認為要簽中樂透要去多廟裡拜拜，求神庇佑才行。這完全要看你的觀念和執著而定了。而我是認為到廟裡拜拜，偶而可去，不要常去，雖然那裡也是人多匯集之處，但去廟裡的人常是有問題、有是非、要去求神解救之人。因此多為窮困苦難

或帶衰之人。你本人是具有偏財、帶旺運之人，常去廟裡，會為別人沾走運氣，反而自己去沾了衰氣，所以倒不如在自己家裡禮拜神佛為佳。甚至於只要朝門外對天空拜拜，拜天公就好了，家裡也不必設神位，以免早晚忘記祭拜時有不敬之事發生。

第四、通常具有偏財運的人，在一輪十二年中，有的人有二次爆發機會，有的人只有一次爆發機會。

有二次爆發機會的人，平常不逢偏財運年，也會一年有二次小的偏財運月份。有一次爆發運機會的人，平常不逢偏財運年份時，也會每年有一個月的偏財運月份。你也要隨時注意這些具有小的偏財運時間，也儘量湊和著讓它爆發，小的偏財運爆發多了，自然大的偏財運會發的更大。一方面你可由此常得到一些快樂。一方面你也要常練習來控制這些爆發運時間，以便真正人生中最大一次偏財運來臨時，你才能十分確切有把握的掌握住大財富。

要掌握偏財運也是有技巧的，很多人知道自己有偏財運，常只是傻傻的等待，不會做一些迎面迎接偏財運之事，因此有時候會錯過偏財運，有時候是發得小了，都得不償失！

一年有二次偏財運的例子

例如有『火貪格』在卯、酉宮的形式。如火星在酉宮，紫貪在卯宮，則每一年，流月行經卯宮及酉宮時，各有一次偏財運機會。其中以在酉宮的流月，偏財運較強，會中的獎大。在卯宮的流月，中獎略小。

一年只有一次偏財運的例子：

例如有『武貪格』在丑宮，對宮未宮為空宮，或有羊、陀在未宮，則每一年，流月行經丑宮才有偏財運，流月行經未宮則無偏財運，故一年只有一次小的偏財運，而且你每逢十二年到丑年時才有較大一次的偏財運。

㉑偏財風水怎麼看

❁❁❁❁❁

偏財風水有特殊的方位和格式，也有特殊的顏色代表。財方方位不同，也會有不同的偏財風水。

㉑ 偏財風水怎麼看

要講到偏財運風水，首重視方位，再重顏色，其次才是擺設之類繁雜的小事。

一個人要真正的講求偏財運風水時，要將生活的環境與生活秩序都完全要符合偏財運風水的要領才能有效的產生催財作用。

中國自古以來，就有兩個最厲害的偏財運方位。一個是給財方是金水系列的人用的。一個是給財方是木火系列的人用的。這兩個厲害的偏財運方位就是西北方和東北方。

財方是西方、北方、西北方屬於金水系列的人，你的偏財方就是西北方。

財方是東方、東南、南方屬於木火系列的人，你的偏財方就東北方。

偏財方之方位怎麼用？

偏財方之方位用途很廣。㈠在平常你喜歡多遇到一些偏運及好事或多得一些意外之財的話，你就可住門朝向偏財方的房子。㈡更可以將床頭朝向偏財方。睡覺時躺下去的時候，以頭朝向偏財方向來睡覺，這樣你就會感受偏財方的磁場影響，就像有旺氣的魔力灌頂一般，就能得到一些意外的好運或多得一些意外之財。㈢你也可以在簽樂透彩時，努力去找有對你有利的偏財方方位的簽注站去簽牌下注，這樣勝算的機會也會變大。

有一位朋友的先生想升官，老是輪不到他，希望有一點偏財運或意外暴發之運。雖然他本命沒有偏財運，但仍可利用方位來助運。他的財方是木火系列，於是我教他找門朝東北的宿舍來住，並在門外放盆花植物，睡覺時也要頭朝東北方。這樣連續三個月。三個月後植物要移走。因為偏財運風水以三個月為期限，三個月以後要再換過，否則會不吉，也會沒什麼效用了。後來這位朋友的先生是換到了較好的工作位置。不過這個方法又被另一位朋友聽走了，急忙告訴她跑船的老公，這位先生是具有偏財運格的人，自然也對偏財運的資訊非常有興趣，急忙來詢問我，他的偏財方為何方？這位先生是喜用神為金水系列的人，所以一直都做船員以跑歐洲線為多，而且做得非常順利開心。自從他得知自己的偏財方是西北方之後，每日睡覺都會校正方位才睡，因為船在海上的方位是常變化的，他一定會先搞清楚方位才睡。並且他也每到一個港口就下船朝西北方的方向去找簽樂透彩的地方去簽注。這樣長期下來，一年中他雖還未逢到偏財運的流年上，但也累積中了不少小獎，十分開心！

偏財風水中，顏色也佔有非常重要的位置

在偏財風水中，顏色也是塑造偏財環境的重要強項。帶有偏財的顏色也是要分財方或偏財方是金水系列的人，還是木火系列的人？

財方或偏財方是金水系列的人，對你有用的偏財色，就是金色和銀色。

財方或偏財方是木火系列的人，對你有用的偏財色是紅色。

如果財方或偏財方是火土系列的人，偏財色也是紅色或橘色。

通常藍色是正財色，是帶有事業運的顏色。綠色不帶財。黃色帶財多，常與金色同論。

每個人會因喜用神須求不一樣，而所需要的偏財方，或偏財顏色有不同。**例如命中缺水的人**，喜用神是金水系列，就不可再用紅色了，用紅色只會更窮，是得不到偏財運的。尤其你所住的環境和穿戴衣物用品都不可有大片的紅色。你多半是夏天出生的人，易有偏財運暴發運，但稍不留意，用錯顏色，會多血光、凶災，也會刑剋財運。

例如命中缺火的人，喜用神是火，就不可再用金、銀色或水色、藍色。因為命格太寒了，沒有火的溫暖，是不容易發的！在你的環境中應多以紅色系為主，黃色、土色都會對你好。因為你多半是冬日所生之人，偏財運會不夠強。你若仍執意穿黑色、水色、藍色或家中佈置是金水、黑色、藍色系列，你就會常懶洋洋的，提不起勁來，也易不爆發，或有車禍傷災了。

用顏色來佈置偏財運風水

如果你是喜用神為金水系列的人，你可以住門朝西北、顏色是白色或藍色的房子，或選家中在西北方位的屋子中住，而室內用白或藍色、黑色做主調，但必須有閃亮金色飾品或在牆壁、門窗上有金色壓條，使整個房間有金壁輝煌的感覺。桌椅、沙發、窗簾都適合用金色的豪華打扮，這種形式就是偏財運風水形式。嚴格的說起來巴洛克風格的東西，就是具有偏財運風水的形式。

如果你是喜用神為木火系列的人，你就可以住在門朝東北、顏色為紅色、尖頂，房屋長相古怪一點沒關係的房子裡。這種帶有紅色及古怪外貌的房子，也是具有偏財運風水的房子。你亦可選擇家中在東北方方位的屋子中住，而室內宜用紅色及暖色調的佈置。鮮紅色直接就有偏財了，房子的外觀和室內的打扮可以追求現代感些，或具有鄉野風味的格調都沒關係，但最重要是要有一張舒適的紅色沙發椅，你要常去坐張舒適的紅色椅上，享受周遭的偏財風水。紅色的沙發椅也最好放在家中東北方的房間中，也最好是面朝東北而坐。多吸取東北方住的旺氣和磁場。倘若你房間的東北方是一道牆，你也可以在上設一盞燈，必須是黃光的燈，不要用白色類似日光燈的燈具，這樣才能助益偏財風水。

偏財運顏色的衣著

坊間曾有某位星座專家在超商大賣紅色的偏財運內衣褲。雖然紅色也是偏財運顏色中的一種，但並不是人人都能穿的。某些人的偏財運顏色就不是紅色，而是金色、銀色，倘若這種人不甚瞭解，而誤用了紅色、穿了紅色內衣褲，其人的偏財運反而不發了，或發不起來，反而又會有傷災、血光、車禍等事件發生，更為不吉。因此偏財運顏色是不能亂用的。而且偏財運的顏色也不是只有紅色一種顏色。希望大家要明瞭才好。

如果你是喜用神為金水系列的人，想要在衣著打扮上來促進或維護偏財運，最好的方式，亦是穿白色、黑色、藍色、水色、粉藍色、灰色等顏色，上面有金色或銀色花紋的衣物用品，或是你也可穿素色衣物，但配用金色或銀色的鮮明的飾品來裝扮自己。這樣就是屬於命格需金水系列的人帶有偏財運的服飾了。

如果喜用神是木火系列的人，則宜穿紅色內衣內褲，或外衣也穿紅色的服飾用品來助運。一個人應該在有偏財運的時間點上再用偏財顏色紅色，來促使偏財運發得大一點。如果平常身上就用了太多的或太大塊的鮮紅色，是會煞到別人（周圍的人），有時也並不完全對自己有利的。

紫微姓名學

法雲居士⊙著

『紫微姓名學』是一本有別於坊間出版之姓名學的書，
我們常發覺有很多人的長相和名字不合，
因此讓人印象不深刻，
也有人的名字意義不雅或太輕浮，以致影響了旺運和官運，
以紫微命格為主體所選用的名字，
是最能貼切人的個性和精神的好名字，
當然會使人印象深刻，也最能增加旺運和財運了。
『姓名』是一個人一生中重要的符號和標幟，
也表達了這個人的精神和內心的想望，
為人父母為子女取名字時，就不能不重視這個訊息的傳遞。

法雲居士以紫微命格的觀點為你詳解『姓名學』中，
必須注意的事項，助你找到最適合、助運、旺運的好名字。

㉒合組偏財運同盟會

✿✿✿✿✿

用眾志成城的觀念來組織聯合樂透彩迷，中大獎或組成基金、股票的形態，行不行得通？

㉒ 合組偏財運同盟會

到底可不可能把具有偏財運的人都集合起來，一起簽樂透來中大獎呢？

當然可能！

不是常聽說，某某國小老師一起出資簽樂透而中獎，或是曾有內湖戶政事務機關、區公所的職員合起來，一起簽樂透而中大獎來平分獎金的事。在國外也曾有義大利的頭獎為同一家工廠的技師們合買彩券而共同贏彩金。因此合組『偏財運同盟聯線』或『偏財運同盟會』也是可行之事。

但是，往往這種合作組合，都會只有一次、兩次的合作機會，

樂透密碼

不會長久。某些人是一時高興，覺得隨便丟個一、兩百元，或五十元瞎碰運氣，湊個熱鬧，誰也沒真想中獎！若真中獎，最後大家也是分錢了事，從此不再見面，這種『偏財運聯盟』也就自然瓦解了。

聽說在內湖區公的職員中獎的人員中，後來很多人都調職、離職了。義大利的那家公司中獎的人，也有很人退休、不想做事而離開公司了，所以公司或機構中，同事相互湊與來買樂透，雖然能連絡增進同事的感情，但中獎後，公司或機構反而會損失人才，有人才離職，造成公司及機構的損失。一直不中獎呢！公司同仁也沒有向心力了，也容易無法繼續下去，所以站在公司或機構的立場，也並不喜歡這種員工集資買彩券之事。就像不喜歡員工買股票一樣，就像聽說台塑公司，知道內部員工在玩股票，是會被辭退的。

其實不利於合組『偏財運同盟』的最大一個原因，就是組員中會有具有奇怪聰明者，會去調查那些人是具有偏財運的人？那些人又不具有偏財運？調查之後會發現：原來具有偏財運的人是自己和另外少數二、三人或四、五人，而一起買彩券的三、四十個人中有近二、三十人或三十幾個人是沒有偏財運的。這麼說，原來是這幾十個人都是靠自己和少數幾人來中獎的，因此內心非常不服氣，自然下次不會再讓別人來佔自己的便宜了！也不會再和別人一起簽樂透了！

通常會去計較何人會有偏財運的人，其人本身一定會感覺到自己是具有偏財運的人。倘若不具有偏財運，一定是常感覺好運好像從來不站在自己這邊，連公司抽獎、外面小商店抽獎都不會中。就連在學校裡被老師抽考問題，沒有偏財運的人，被抽中的機率是：

當會出糗、沒準備好，答不出好成績時，容易被抽中，因此遭難看的機率高。會答題時，永遠不會輪到他顯露風彩。會具有偏財運的人，則是沒準備好時，老師也不會挑中他。當他準備充足，就會氣宇間充滿自信。老師就一定會相中他，讓他展露頭角。所以每個人運氣都不一樣，而且有沒有偏財運格，是差很多的，本身沒有偏財運的人，有的就是正財了，因此也不會太計較意外而來的錢財，因為他會覺得太不可思議了！也簡直不敢相信會有此等好運落在他身上呢！若真有這種好事發生，他也會一直懷疑：是否有詐？

所以要合組『偏財運』聯盟，並不是一件容易的事。

網路代簽樂透公司

目前網路上也有一些可幫忙國內的人去代簽國外的樂透，有幫忙在西班牙、美國、義大利、英國、法國等地去簽樂透的，但是卻沒聽過曾有人會中大獎的。這表示幫忙代簽的人，很可能本身財運就差，或是不太知道他們是否真正有在認真做事情否？所以這種代替、代簽樂透公司的信譽很重要，在我認為偏財是個人的運氣，是很難讓別人越俎代庖的。而且具有偏財運的人，在簽樂透的同時，會具有靈動機會，如閃電一般的電光火石閃入腦際，因此在那一刻才是關鍵時刻，通常你請人代簽樂透時，只是會用一些平常習慣或喜歡的號碼交由別人來代簽。倘若是自己親自下手簽時，這種靈動就會產生一些機緣數字，而你的生命數字就可能會包含在其中了。這樣的方式才是真正會中樂透的方式！

因此由別人代簽，往往不易中的原因就在此了！

親自上陣簽樂透較易中

某些人的財方在西方或北方，偏財方在西北方，很適合到歐美國家去簽樂透彩。但你要親自前去，親自簽牌，勝算較高，所幸現今旅遊發達，隨時飛到當地買彩券都行！

其實偏財運是可規劃的，你可早就先把偏財運在某年、某月、某日、某時算好，很早就可先計劃行程，看是要到那一國、那一個城市去簽好。更要打聽好一個國家對於外國人中樂透，是否有特殊的法律限制，以防你中了獎而拿不走，你最好也要先找好一個可靠的、能為你翻譯語言的人，以免要對獎時會有言語上的麻煩。因此倘若你喜用神是金水系列的人，又想在外國去抽獎、中樂透的話，其實你事先要做好很多工作。尤其要為你平生最大一次的偏財運來預做準備。平常不是在偏財運年上的小偏財月，就不必如此麻煩了，要中大獎，才需要如此麻煩。

未來亦可發展基金式的偏財聯盟

在未來，其實某些公司可招募彩友，組成『偏財運同盟』，可把彩金做成像買股票、基金一樣的做法，讓簽注彩金像買基金一般，部份彩金仍可贖回，而讓彩迷們像投保了保險共同基金一樣，得到綜合的利益，這些投資彩金的彩迷、彩友們也可提供幸運號碼來共襄勝舉，全民同樂。這樣又可產生一個新的金融商品了。

㉓沒有偏財運仍能中小獎

✿✿✿✿

沒有偏財運的人，如果時間把握得恰當，仍能中些樂透小獎！

㉓ 沒有偏財運仍能中小獎

據統計，世界上有三分之一的人有偏財運。這麼說來，就會有三分之二的人是不具有偏財運的囉！這也表示有百分之六十幾的人，是沒辦法中樂透的喲！

其實也不然！雖然要中樂透頭獎的機率非常小，要五百多萬分之一的機率。即使具有偏財運格的人，往往也只中了三獎、四獎，或五獎之獎。但是某些人雖不具有偏財運，但正財多，或是本命財雖不多，但時間抓得很巧，由於時間點的關係而能中一些陸獎、普獎之類的。

很多人由於出生時間的關係，所以命格中的火星或鈴星，無法

樂透密碼

和貪狼星形成很好的角度。這種很好的角度即是指同宮或在對宮相照，所以這兩顆星若是要能形成偏財運格，就必須是同度，或是呈一百八十度的對角上，倘若沒有這種角度，就沒有偏財運了。可是平常沒偏財的人，火星或鈴星，或是貪狼星會各自獨立存在，不相關連。這些人每當走火星或鈴星的運程時間，只要你命格中的火星或鈴星是呈廟的、旺的，也會因時間點的巧合逢到而有一些小偏財。

另外，人走到貪狼星所在的宮位，只要貪狼是居旺的，不帶化忌、劫空，也仍能有好運，能中一些小獎。癸年生的人，命格中有貪狼化忌，或是貪狼和地劫、天空同宮時，就連小獎也無法得到了。

此外，壬年生的人，有武曲化忌，這會影響到『武貪格』不發，但若是像前面所說的那種古怪的偏財運格，雖為壬年生，有武曲化忌，使『武貪格』不發，但貪狼在對宮，和和火星同宮，形成『火貪格』，因此在他的命格中，『武貪格』是不發的，但龍年的『火貪格』會發，仍會有十二年一次的偏財機會得中大獎，這是壬年生的人當中最幸運的人了。

㉔樂透中獎助運吉物

中樂透頭獎是最高之旺運機會，自然助運吉物就非同一般！一定要能帶來靈動智慧之物才行！

❁❁❁❁❁

㉔ 樂透中獎助運吉物

要能中樂透幾百萬以上的獎項，則必須要有偏財運格才行。偏財運是一個極高的旺運，是人生必須走到一個特殊的時間點才會逢到的。因此能中樂透大獎，也就是人生的極致境界了，這是千載難逢的大好旺運。也因此能和此種特級層次相配的吉物，又能促發財運的吉運，亦會不同於一般了。而且更是不能有瑕疵、尖銳、針狀或會刺傷、割傷人的形狀了。

一般坊間，常有人賣水晶飾物中有金色針狀之物，說是能招財，又有人買水晶礦石放在家中也用來招財，還有一些放置魚缸或用小噴泉或用圓珠在水中滾動來造『風生水起』的吉運。

前面說過，要中樂透這種超級的財運，非比一般。平常我們在講究招財運的吉物中就不可有帶針、帶刺、帶刀的東西了，因為這些帶針、帶刺、帶刀，有利器的東西，會代表刑剋。『財』是最怕受剋的了，受剋就是『因財被劫』，就會無財及耗財，那就根本無法有機會中樂透的了。所以那些稱為帶有針狀髮晶的水晶飾品，是根本與財有仇的物件，是絲毫無法助財和生財的了。

還有，要用水來招財，必須你的命格適合才行。必須你的命格須要水，喜用神及財方是金水系列的人，你才能用水來招財，也才能以此為如魚得水。倘若你是秋冬生的人，命中需要火，用水來招財，會愈招愈窮，也根本不可能中樂透的。

所以夏天生的人，又有偏財運的話，多半在大暑之後，金水進氣了以後，或是秋冬時節才會中樂透。而冬天生的人，易在夏季，或天熱時，農曆四、五月或月份上有丙丁天干的月份才會中樂透。

既然有上述命格和喜用神的分別，自然人要中偏財運或要中樂透的助運吉祥物就不一樣了。前面說過，偏財運和財運最怕的是尖銳的東西來刑剋，因此，一般正財，以圓形球形之物為最佳。而偏財運的助運之物則以葫蘆形之物為最佳。圓形代表圓融、圓滿，正財要像球一樣滾滾而來。葫蘆形之物向來是神仙收氣、聚氣之用的寶物，偏財運是非比尋常之旺氣，自然需要神物來助運了。另一方面，葫蘆形的形狀是兩個圓並在一起而形成的，是雙重圓滿之意。自然更助於偏財運和中樂透來助運了。

以喜用神為主，可配用之吉物：

喜用神為『甲木』者——可配用古玉、翡翠、祖母綠等質料之葫蘆配

樂透密碼

飾，或隨身攜帶，或放置在家中財位上，可助於偏財運。

喜用神為『乙木』者——可配用古玉、翡翠、祖母綠等質料之葫蘆配飾在身上，或隨身攜帶，或放置在家中財位上，可助於偏財運。

喜用神為『丙火』者——可配用紅色蜜臘、或紅色琥珀、珊瑚、雞血石所製作之葫蘆配飾在身上，或隨身攜帶，或放置在家中財位上，來助旺偏財運。

喜用神為『丁火』者——可配用紅色蜜臘、或紅色琥珀、珊瑚、雞血石所製作之葫蘆配飾在身上，或隨身攜帶，或放置在家中財位上，來助旺偏財運。

喜用神為『戊土』者——可配用黃色蜜臘、黃水晶、古玉、陶瓷等質材之葫蘆配飾，帶在身上或隨身攜帶，或放置在家中財位上，來助旺偏財運。

喜用神為『己土』者—可配用黃色蜜臘、黃水晶、古玉、陶瓷等質材之葫蘆配飾，帶在身上或隨身攜帶，或放置在家中財位上，來助旺偏財運。

喜用神為『庚金』者—可配用白色、金色之葫蘆配飾，如白古玉、或黃金質材的葫蘆飾品，戴在身上或隨身攜帶，或放置在家中財位上，來助旺偏財運。

喜用神為『辛金』者—可配用白金或銀色、純銀製品之葫蘆配飾，戴在身上或隨身攜帶，或放置在家中財位上，來助旺偏財運。

喜用神為『壬水』者—可配用白水晶或白玉、白金或銀飾品或鑲鑽飾所製之葫蘆，可戴在身上或隨身攜帶，或放置在家中財位上，來助旺偏財運。

喜用神為『癸水』者—可配用黑膽石或烏晶石、深色祖母綠等質材所製作之葫蘆飾品，可戴在身上或隨身攜帶，或放置在家中財位上，來助旺偏財運。

其他如金蟾（金色蟾蜍），俗稱『跳財』以及銅錢、旺來飾品，或八卦，雖也有增旺運氣的功能，但葫蘆形的飾品仍是中樂透最佳的助運吉物！

㉕利於中樂透的吉祥植物

❁❁❁❁❁

人有運氣，植物也有運氣。窮命的人會種帶衰的植物；有偏財運要爆發的人，會種招財及易促發的植物。

㉕利於中樂透的吉祥植物

現代人的生活很封閉、狹窄，很悶，不是在高樓大廈中工作，或就是居住在高樓大廈之中，因此喜歡養植一些植放在身旁，於是在辦公室或家中，在視覺上能得到一些紓解平衡。在夜間植物更能釋放出芬多精出來，可改善環境中帶氧的含量。

植物到底有沒有運氣呢？

有的！植物也有運氣！某些植物會散發一種讓人情緒紓緩或讓人快樂的氣味出來。這樣就會帶給人心情好、運氣好的運氣了。植物更會以外形來對人產生某些影響作用。經過我多年的研究發現：

某些會開出大獎的樂透投注站，在他們店裡所擺的植物都有一共同的品種。而某些從開不出獎項、或很不容易開出獎項的投注店，也會有相同喜好的植物擺設在店內。

不太會開出獎項的商店多半喜歡在店內案頭上擺繫滿小紅色蝴蝶結的『發財樹』，我曾多次說過，名叫『發財』或『阿財』的人，多半會窮，不太有財，十個阿財，有九個都窮，自然叫『發財樹』就很難發了。而且，我發現這些店內放發財樹的投注站的老闆或老闆娘脾氣還特別古怪，因此生意也會普通，不見得很好，這主要是發財樹有些是用枝葉細長、尖銳來做的，其樹枝又被彎曲、扭轉，極盡壓迫之能事。另一種是用榕樹的幼樹苗做的，榕樹本來就不是吉祥樹種，且招陰，是故發財樹只是商人推銷之技倆，很多不太用腦子的人，會聽其名字而買其樹，結果無法為自己增財。

真正會對中樂透有利的這種偏財運植物，是綠巨人和金幣變葉木。很多開出大獎的投注站，有相同特點的，都是在家店放置綠巨人。此植物屬於『陰財』的植物。其樹對陽光的需求量低，在室內也能墨綠，有些葉片漆黑、大片；是屬於『陰財暗藏』的助旺偏財運的植物。

另一種助旺偏財運的植物是金幣變葉木！植物上端葉子成熟時，會變得黃澄澄的一片，類似黃金一般。尤其有風吹過，風動時，有如金幣在流動。如果將數十盆放置一起，則金幣滾動時的景觀會十分壯闊美麗。因此樹種是進口的植物，價格較昂貴，因此比較少有店家買來種植了。

此外像開運竹、鳳梨花、巴西鐵樹、馬拉巴栗都帶有尖葉或鋸齒狀葉，適競爭多的行業，對偏財運、中樂透都沒有助益。

紫微星曜專論

此書為法雲居士重要著作之一，主要論述紫微斗數中的科學觀點，在大宇宙中，天文科學中的星和紫微斗數中的星曜實則只是中西名稱不一樣，全數皆為真實存在的事實。

在紫微命理中的星曜，各自代表不同的意義，在不同的宮位也有不同的意義，旺弱不同也有不同的意義。在此書中讀者可從法雲居士清晰的規劃與解釋中對每一顆紫微斗數中的星曜有清楚確切的瞭解，因此而能對命理有更深一層的認識和判斷。

此書為法雲居士教授紫微斗數之講義資料，更可為誓願學習紫微命理者之最佳教科書。

㉖以『財方』為主——買樂透或中獎所須參拜之神祉

❁❁❁❁

拜神不能亂拜，拜錯神仙也中不了樂透！找出能幫你的神仙來拜，中獎特快！

㉖以『財方』為主，買樂透或中獎所須參拜之神祉

財方為『甲木』者——宜拜土地公、福德正神。

財方為『乙木』者——宜拜土地公、福德正神。

財方為『木火』者——宜拜福德正神或關聖帝君。

財方為『丙火』者——宜拜關聖帝君、托塔天王、哪吒三太子。

財方為『丁火』者——宜拜關聖帝君、托塔天王、哪吒三太子。

財方為『戊土』者——宜拜北斗星君、觀世音菩薩、媽祖。

財方為『己土』者——宜拜北斗星君、觀世音菩薩、媽祖。

財方為『庚金』者——宜拜八仙、觀世音菩薩、媽祖。
財方為『辛金』者——宜拜八仙、觀世音菩薩、媽祖。
財方為『壬水』者——宜拜北斗星君、關聖帝君。
財方為『癸水』者——宜拜北斗星君、關聖帝君。

㉗買樂透——或中獎時的忌諱問題

✿✿✿✿✿

偏財運有自己特有的禁忌，樂透彩迷不可不知！常損龜的人，要看看你是否犯忌諱！

㉗買樂透或中獎時的忌諱問題

無論任何一種偏財運的形式，其實都有其忌諱、禁忌，犯了這個禁忌，就容易發不了、不發了，或發得慢了、發得小了，問題多多。

我曾在多本寫財運的書中提到，桃花會傷害財運的問題。『桃花』對偏財運的殺傷力尤其厲害。

第一、『桃花』為洩氣，所以男女情色之事會影響偏財運不發。能使人身體的能量耗損，旺運降為弱運。偏財運是一種極高的旺

樂透密碼

運形式，如果人身體的機能減退衰弱，本命結構也會起變化，因此旺運衝不上去，自然不成旺運，而無法爆發偏財運了。因此你可以瞭解那些病入膏肓的人，是無法會有偏財運而中獎的。

第二、在偏財運要發運時的前後，要謹言慎行，不能做惡事或有惡念，以防影響到發運時的強弱，或另有血光、或牢獄之災，而偏財運不發了。

第三、多找旺運、態度溫和者交往，少與凶神惡煞、脾氣不佳的人來往，更要少生氣、多找快樂的事及慈善歡喜之事來做，多積陰德，可使偏財運發的更大。

第四、買樂透或偏財運要發時，要小心配帶吉祥飾物，如果搞不清楚，最好拿掉，不要配戴，以防阻礙旺運的到來。

第五、買樂透想中獎，一定要保持精神平和、穩重，不能與人有衝突或使身體受傷，這兩種狀況都是刑剋財運的，故財神都會嚇跑了。

第六、買樂透或要發偏財運時，最好勿在外揀到東西或財物，或因是非口舌而傷及偏財運。倘若亂揀東西、搞不好你的偏財運就在那一次用掉了，豈不可惜？

我的弟媳就曾在有偏財運時揀到錢，很高興，有意外之財，那一年偏財沒發，後來還自己掉了皮包證件，損失更大。實在得不償失！所以當有偏財運要來時，不可貪小失大，揀到財物一定要交警察機關處理或物歸原主，多行善事，多聚陰德，必有回報。

第七、在買樂透或在偏財運要發的時候，要常注意自己周遭環境，要把自己放在對自己有利的環境之中，例如：對你有利的財色是紅色，你就不要常到環境中是黑色、白色、藍色這些寒色調的空間去。倘若對你有利的財色是金水系列的寒色系的顏色，如黑白、藍、灰等顏色，你就不能到紅色系大、多、太旺的空間環境中去，這樣都是對你的偏財運有刑剋的狀況，也容易使你的偏財運不發或發得小了。

第八、在買樂透或有偏財運時，少賭博、喝酒，或至KTV、聲色場所玩樂皆不宜。有的人認為買樂透是賭博，是賭運氣，有這種觀念的人是不會中樂透的！中樂透是具有偏財運的關係，偏財運是需要配合時間和智慧來成就旺運機會的。吃吃喝喝、嬉鬧，過萎靡的生活，都是戕害旺運的行為。很少人會在頭腦不清的狀況下中樂透的，根本不會！通常都是十分精明、十分清醒，十分的意志堅定才會中樂透獎的。因此，你現在若是一個好賭、好喝酒、好到聲色場所玩樂的人，如欲中樂透，你就該清醒了！否則你永遠會成為的貢獻樂透慈善基金最多的人，也是損龜最多的人。

命理生活新智慧・叢書02

如何掌握旺運過一生

◎「時間」是天地間一切事物的轉機

◎如何利用命理中特定的時間反敗為勝

已出版

熱賣中

這是一本教你如何利用「時間」來改變自己命運的書！

旺運的時候攻，弱運的時候守，人生就是一場攻防戰。這場仗要如何去打？

為什麼拿破崙在滑鐵盧之役會失敗？

為什麼盟軍登陸奧曼第會成功？

這些都是「時間」這個因素的關係！

在你的命盤裡有那些居旺的星？它們在你的生命中扮演著什麼樣的角色？它們代表的是什麼樣的時間？在你瞭解這些隱藏的企機之後，你就能掌握成功、登上人生高峰！

・金星出版・

㉘偏財運的後遺症

偏財運有後遺症，大家從沒想過！先找到治療後遺症的方法，你才能享受到中樂透發富的快樂！

❁❁❁❁❁

㉘ 偏財運的後遺症

大家會奇怪！能中樂透、有偏財運都高興死了！就沒聽過偏財運還會有後遺症的！一點也沒錯！偏財運有兩個後遺症，第一個後遺症就是『暴起暴落』的問題。第二個後遺症是躁鬱症的問題。

雖然，你是日也想，夜也想，用盡腦子算牌，找主支號碼，找對自己有利的生命數字。但是你有沒有曾經想過！萬一有一天你真的突然中了大獎，有了幾千萬或上億元，你要怎麼辦？

你一定會說：『怎麼辦？看著辦啊！』

你會這樣說，當然就是根本沒真正用心想過這個問題。你只想有很多錢了很好，就可享受得如同帝王般的生活，但怎麼過這種有錢生活，恐怕仍不是你夢中可夢得到的吧！

就算你會非常理智的先有了一個粗略的應對方法，但是能得中樂透這麼大的偏財運，對於任何人的人生來說，都是一很大的衝擊，在應付當時的狀況，也未必能如你所願的能平靜、穩重、理智的來掌握一切！

偏財運有『暴起暴落』的因緣

偏財運有『暴起暴落』的因素和結果，這在有暴發運者的命盤上都可看得出來。常常在暴發年爆發了，隔個二至三年或次年，就逢衰運，因財被劫，或是破財消災，或是人生有變動，因此留不住財。財會迅速消失無蹤。因此暴落了。

另一方面，很多人的命格中常是『富屋窮人』、『財多身弱』或

『有財沒庫』的格局，並不是真正有財，而是在一個爆發點，財能衝到一個數字，隨即就像溫度計下滑一般，漸漸落了下來。更嚴重的是：很多人在偏財運爆發後兩、三年而離開人世的，做了一個人生的總結和終結。

『暴起暴落』是運程上的關係

暴起暴落是每個命盤上運程所運行的方式的問題，現在就讓我們看看每種偏財運會到那一年會『暴起暴落』？

『子午火貪格』、『子午鈴貪格』：在子年或午年爆發偏財運，到次年走同巨運時就開始不好了！再下一年又走破軍運，繼續破財，錢就守不住了，再下一年走空宮運，也是守不住財的運程。

如果『火貪』、『鈴貪』同在午宮的偏財運，會好一點，在次年逢同巨運，會暴落一點點，但第三、四年走武相、陽梁運還不錯，因此暴起暴落的狀況會拖得久一點，會到四至五年以後才慢慢落下去。因此『暴起暴落』的狀況不那麼明顯。

『**丑、未武貪格**』：擁有此格局的人，『暴起暴落』的狀況最為明顯，因丑年或未年爆發偏財運後，第二年會走陽巨運或空宮運，到第三年必逢天相陷落或廉破運，就有人生的大敗局了。所以卯、酉年對此格局的人來說，真是太衰了！因此偏財運所得來的錢財都是存不住的。而且大多數的偏財運者，大都是此格局的人。故而到卯年、酉年時，是衰鴻遍野的狀況。

『**寅申火貪格**』、『**寅申鈴貪格**』：這是『紫微在辰』或『紫微在戌』命盤格式的人，此人會在寅年或申年爆發偏財運，要看你的次年流年是逢空宮運，還是機巨運?次年走空宮運的人，『暴起暴落』

很快，第三年就逢破軍運而敗光了。次年逢機巨運的人，第三年走紫相運，再接下來走天梁陷落運才會暴落，所以『暴起暴落』的速度稍為平緩一些，不那麼快！

『卯酉火貪格』、『卯酉鈴貪格』：會在卯年或酉年爆發偏財運。倘若次年是逢巨門陷落的人，次年就開始暴落了。倘若次年是走天同居平運的人，運氣已開始下滑，至第三年逢武破運，因財被劫而暴落窮困。

『辰戌武貪格』：會在龍年或狗年暴發偏財運，你若是在武曲運中爆發的，第二年走太陽陷落就開始運氣下滑，第三年走破軍運就暴落、財不見了。第四年走天機陷落，會更慘，亦可能又負債了。如果你在貪狼運中爆發的，第二年逢巨門運開始大小事情不斷、暴落的情形在進行，第三年逢廉相運，也會出現許多問題要解決，第四年逢天梁運，不帶財，反而要照顧別人，因此這個偏財運的財，是被家人及朋友，漸漸瓜分而光的，最後仍是暴落了。

『巳亥火貪格』、『巳亥鈴貪格』：這個偏財運格本身層次就較低，所中獎或得到利益會較少、不多，隨便花一花、用一用也會用光。況且此種暴發運、偏財運的時間很短、很快速，最多一年，好運就用光了。其人次年無論走巨門運，會多是非，或次年走天機運，人生多變化，都會使偏財格所帶來之財祿，做一個了結和清空。

既然偏財運有暴起現象，也必有暴落的現象，總要想一些方法來對應才行呀！

方法是有的，但要看你做不做得到了！大多數的人是聽得了道理，心知肚明，但是事到臨頭，仍是快樂沖昏了頭，顧不了這許多了，最後仍是走上『暴起暴落』的老路子之上。這從命命理的角度來看，仍是命中財少，及承不住財之故，所以俗話有云：富要過三代，才會知道吃穿。表示要經過連續三代長時間的富裕，才會懂得如何過富裕有錢人的生活，也才會理財。平常窮太久的人，看到錢財，如飛蛾撲火，幾乎不顧性命，那裡還會想到理財存錢之事呢？所以有暴發運及偏財運的人，一定要命中財多，承得住財，才可能長期擁有財而主富。

倘若你是個有偏財運，但算算八字中財星並不多的人，那你要事先在會爆發偏財運之前，做一些規劃。先把計劃擬好，不要到偏財運來臨時，又三文不值兩文的把錢給糟蹋光了。現在就提供你幾個對付『暴起暴落』的方法。

應付『暴起暴落』的方法與建議

在這裡我首先要聲明的是：『暴起暴落』的問題，其實並不只在於人運程上的問題，也攸關於其人的性格問題。性格會主導行為、做事處事的方法。因此具有『暴起暴落』的人，也多半具有性格堅強果斷，凡事自己做主，即使錯了也不肯改的性格，所以更助長了『暴起暴落』的速度。因為性格是人最難改的部份，是故這些建議只能供給大家參考看看了！

第一、偏財運的錢財，必須要有『過手』的手續。這種『過手』的手續，就是要找自己可信賴的家人，把錢財轉到他名下，再轉回自己的帳戶，稱做『過手』。此手續是要把偏財運的錢財從偏財轉為正財，使其能保留、留存久一點。你也可以把錢財分散存在家人戶頭之下，而不能回自己帳戶，表示借別人的財庫暫放，但此人的財庫——田宅宮，一定要完美，不能有刑剋不吉的狀況，否則也是會弄光很快，你也控制不了的。

第二、利用狡兔三窟的方法把中獎的錢財分散儲存。要把銀行的帳戶分等級層次，有一些是平常生活的花用，有一是做儲蓄，少挪動支出的帳戶。你更可到利用旅遊到國外去開一個銀行帳戶，把這些帳戶做為無論如何都不支出或移動的帳戶，而且也可防止自己常想去花那些錢財。銀行帳戶開設的遠一點，不方便一點，對自己反而好，不會動不動就想領出來花掉了。即使你會經歷暴落的過程，也不容易去拿出來花，這樣你就確實會存下錢了。這個方法尤其對於那些喜用神是金水系列的人，容易在國外或歐美中大獎的人來說，更是適合的方法。不要把錢財存得離自己太近，以防暴落時，是首先想到可抵債的錢財。

第二、自己看看自己的田宅宮好不好？

田宅宮是財庫，田宅宮好的人，也表示財庫完美無缺，易於存錢，家中的人也會幫你存錢，你更可以買房子、土地來保值錢財。田宅宮不佳的人，財庫就守不住，會『有財沒庫』，不能買房地產保值，否則房地產也會留不住，仍會賣掉。同時也表示你家中沒人會幫你存錢，家人易窮，可能更易瓜分你的錢財。如果你並不在乎家人分你的錢財，也甘心給他們花用，那以後就別再抱怨，以免暴起暴落又影響家人感情。人的命和運都差不多有一定的模式，錢會不會留得住，會不會被花光，只是遲早的問題，這裡的建議只是延緩一點而已。倘若你想自己多保留一些錢財，就多準備一些帳戶吧！

第四、不要中了獎之後，自我膨脹太快，自以為是成功人士了，而隨便投資，這樣會敗得更快。千萬不可投資，否則容易被騙上當，對自己不熟悉之事，隨時有警覺性，保持高度警戒。另面也要保持平常心，多給自己做心理建設，告訴自己！這是是一時的運氣而已，運氣很快會走的！因此要把握和感恩，仍要努力過平常的日子，讓生活正常，這樣你的情緒才會正常，錢財也不會耗得那麼快了！

常有人暴發偏財運，又投資失敗後再來找我，要我為他算算何時再有偏財運？但這種人往往都是在用掉人生最大一次偏財運後才來找我。而且很多人都是負債千萬後才來找我，但再也不會有中獎千萬的機會了。所以這些人往往成了曾經有過偏財運，但最後會拖累身邊的人，而且很多具有偏財運的人，都頭腦不清，或不會理財、算帳，這種人更可怕！借錢倒債會更凶！

偏財運後遺症的另一個問題是躁鬱症

有偏財運的人，大多易得精神性的疾病。因人生中突然的變化太大了，壓力就很大，患得患失的狀況就很嚴重！暴起暴落在兩三年中全相繼演出，先是樂極，後是生悲，如何不讓人感嘆滄海桑田，人世多變啊！

通常有偏財運的人，會因偏財運格不同，而有不同的憂鬱症和躁鬱症。

具有『武貪格』的人，易得憂鬱症，會擔心偏財運、暴發運不爆發，也會擔心事業問題，多落寞寡歡，而且具有『武貪格』的人，會較穩重，不太和人談起自己的暴發運和偏財運，內心有事也不太和別人說，故易得憂鬱症。

具有『火貪格』或『鈴貪格』的人易得『躁鬱症』。尤其是命、財、官、夫、遷、福等宮有此偏財格的人，最易得。其中又以『火貪格』為嚴重，具有『鈴貪格』的人會古怪，有迫害妄想症。

命宮、遷移宮、財帛宮、官祿宮有火星的偏財運格的人，最要小心躁鬱症易突發，常情緒稍有波動，就爆發躁鬱症了。

只要生了精神疾病，人生中就常常不能再繼續工作了，因此十分可惜，倘若你或你的家人有此種偏財運格，應事先留意爆發年歲，或事先疏導，讓其人瞭解在他們人生中會有一些重大變化，先規劃好迎接偏財運的方式，或把遠景規劃好，或是把後續問題預做安排，例如萬一偏財運也得了，躁鬱症也得了，怎麼辦？有那些人能來照顧，是不是先把一半錢存起來，以應付後來之需？

現今社會上有精神疾病憂鬱症和躁鬱症的人比例增多，對社會也形成壓力。有些人是因窮而得到憂鬱症和躁鬱症，有些人是還沒爆發偏財運就先爆發了憂鬱症和躁鬱，**到底有精神疾病的人，偏財運還會發嗎？**

通常這些人不會有意志去買樂透彩券，因此未必會發。再方面因為會得精神疾病的人，在本命上定有刑剋，也會財不多，或承不住財，所以也不見得會發。倘若你發現有此病況的家人或朋友有偏財運，而算好時間，帶他去買彩券。倘若當時他沒發病的話，其偏財運機率仍只有百分之五十而已。

三分鐘會算命

簡單・輕鬆・好上手

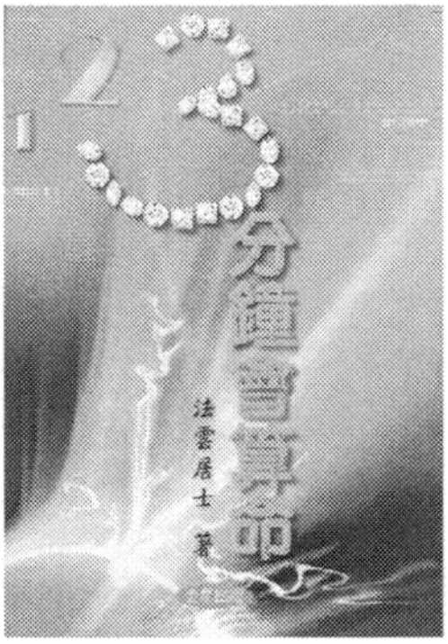

《三分鐘會算命》！
讓你簡簡單單、輕輕鬆鬆，一手掌握自己的命運！

誰說紫微斗數要精準，就一定要複雜難學？
即問、即翻、即查的瞬間功能，
一本在手，助你隨時掌握幸運人生，
趨吉避凶，一翻搞定。
算命批命自己來，命運急救不打烊，
隨時有問題隨時查。

《三分鐘會算命》就是你的命理經紀，
專門為了您的打拚人生全程護航！

考試你最強

法雲居士⊙著

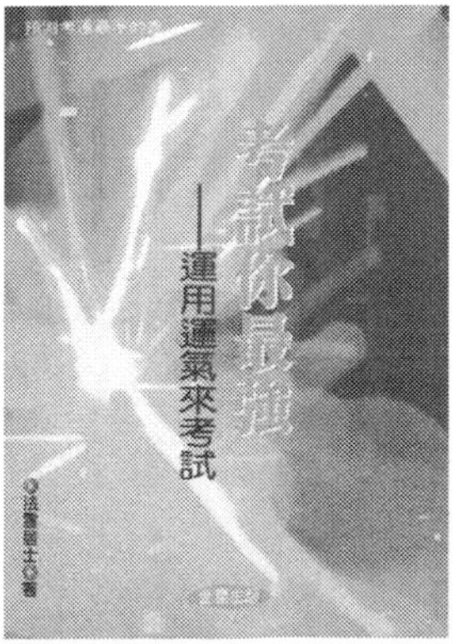

讓老天爺站在你這邊幫忙你考試

- 老天爺給你一天中的好時間、給你主貴的『陽梁昌祿』格、給你暴發運的好運、給你許許多多零碎的、小的旺運來幫忙你K書、考試。但你仍需有智慧會選邊站，老天爺才會站在你這邊！

如何運用運氣來考試

- 運氣是由許多小的時間點移動的過程所形成的，運用及抓住好的時間點，就能駕馭運氣、讀書、K書就不難了，也更能呼風喚雨，任何考試都手到擒來，考試強強滾！
考試你最強！

紫微面相學

《全新修訂版》

法雲居士⊙著

『面相』是一體兩面的事情，
我們可以從一個人的外表來探測其內心世界，
也可從一個人所發生的某些事情來得知此人的命運歷程。
『紫微面相學』更是面相中的楚翹，
在紫微命理裡，命宮主星便顯露了人一切的外在面貌、
精神與內在的善惡、急躁、溫和。

- 『紫微面相學』能從見面的第一印象中，
立刻探知其人的內在性格、貪念，與心中最在意的事
與其人的價值觀，並且可以讓你掌握到此人所有的身家資料。
- 『紫微面相學』是一本教你從人的面貌上，
就能掌握對方性格、喜好，並預知其前途命運的一本書。
- 『紫微面相學』同時也是溫故知新、面對自己、
改善自己前途命運的一本好書！

紫微談判學

法雲居士⊙著

現今工商業社會中，談判、協商是議事的主流。
每一個人一輩子都會經歷無數的談判和協商。
談判是一種競爭！也是一種營謀！
更是一種雙方對手的人性基因在宇宙中相遇激盪的火花。
『紫微談判學』就是這種帶動人生好運、集管理時間、組合空間、營謀智慧、人緣、創造新企機。
屬於『天時、地利、人和』成功法則的新的計算、統計、歸納的學問。

法雲居士用紫微命理教你計算、掌握時間的精密度，繼而達到反敗為勝以及永遠站在勝利高峰的成功法則。

命理生活新智慧・叢書

紫微格局看理財

『理財』就是管理錢財。必需愈管愈多！因此，理財就是賺錢！

每個人出生到這世界上來，就是來賺錢的，也是來玩藏寶遊戲的。

每個人都有一張藏寶圖，那就是你的紫微命盤！一生的財祿福壽全在裡面了。

同時，這也是你的人生軌跡。

玩不好藏寶遊戲的人，也就是不瞭自己人生價值的人，是會出局，白來這個世界一趟的。

因此你必須全神貫注的來玩這場尋寶遊戲。

『紫微格局看理財』是法雲居士用精湛的命理方式，引領你去尋找自己的寶藏，找到自己的財路。

並且也教你一些技法去改變人生，使自己更會賺錢理財！

權祿科

法雲居士⊙著

在每一個人的生命歷程中，都會有能掌握一些事情的力量，和對某些事情能圓融處理。又有某些事情是使你頭痛或阻礙你、磕絆你的痛腳。這些問題全來自於出生年份所形成的化權、化祿、化科、化忌的四化的影響。

『權、祿、科』是對人有利的，能促進人生進步、和諧、是能創造富貴的格局。『權、祿、科』的配置好壞就是能決定人生加分、減分的重要關鍵所在。

這是一套七本書的套書，其餘是『羊陀火鈴』、『化忌、劫空『昌曲左右』、『殺破狼』、『府相同梁』。

這套書是法雲居士對學習紫微斗數者常忽略或弄不清星曜特質，常對自己的命格有過高的期望或過於看輕的解釋，這兩種現象都是不好的算命方式。因此，以這套書來提供大家參考與印證。

十干化忌

法雲居士⊙著

『權祿科忌』是一種對人生的規格與約制，十種年干形成十種不同的、對人命的規格化，以出生年份所形成的四化，其實就已規格化了人生富貴與成就高低的格局。

『權祿科』是決定人生加分的重要關鍵，
『化忌』是決定人生減分的重要關鍵，
加分與減分相互消長，形成了人世間各個不同的人生格局。『化忌』也會是你人生命運的痛腳及力猶未逮之處。

這是一部套書，其餘是『羊陀火鈴』、『權祿科』、『天空、地劫』、『昌曲左右』、『殺破狼』、『府相同梁』。

這套書是法雲居士對學習紫微斗數者常忽略或弄不清星曜特質，常對自己的命格有過高的期望或過於看輕的解釋，這兩種現象都是不好的算命方式。因此，以這套書來提供大家參考與印證。

命理生活新智慧・叢書23

如何幫子女找一個好生辰

從歷史的經驗裡，告訴我們
命格的好壞和生辰的時間有密切關係，
命格的高低又和誕生環境有密切關係，
這就是自古至今，做官的、政界首腦人物、精明富有的老闆，永享富貴及高知識文化。
而平民百姓永遠在清苦的生活中與低文化的水平裡輪迴的原因。
人生辰的時間，決定命格的形成。
命格又決定人一生的成敗、運途與成就，每一個人在受孕及出生的那一剎那已然決定了一生！
很多父母疼愛子女，想給他一切世間最美好的東西，但是為什麼不給他『好命』呢？
『幫子女找一個好生辰』就是父母能為子女所做，而很多人卻沒有做的事，有智慧的父母們！驚醒吧！
請不要讓子女一開始就輸在命運的起跑點上！

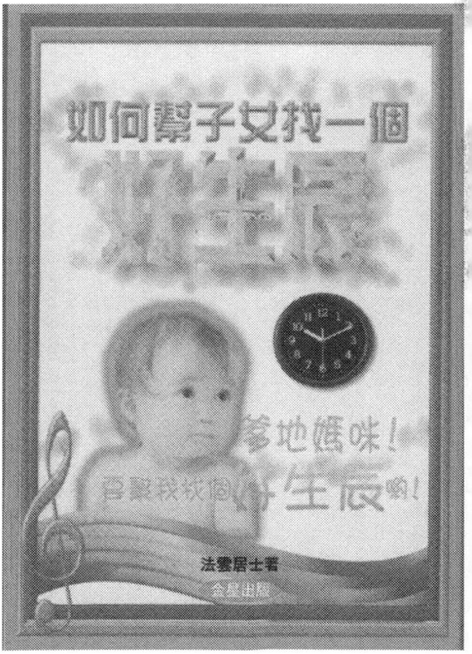

對你有影響的

殺、破、狼

上、下冊

法雲居士⊙著

每一個人的命盤中都有七殺、破軍、貪狼三顆星，在每一個人的命盤格中也都有『殺、破、狼』格局，『殺、破、狼』是人生打拚奮鬥的力量，同時也是人生運氣循環起伏的一種規律性的波動。在你命格中『殺、破、狼』格局的好壞，會決定你人生的成就，也會決定你人生的順利度。

下冊是繼上冊之後，繼續討論『殺、破、狼』在『夫、遷、福』、『父、子、僕』及『兄、疾、田』以及在大運、流年、流月行運之間的問題。『殺、破、狼』格局既是人生活動的軌跡，也是命運上下起伏的規律性波動。但在人生的感情世界中更是一種親疏憂喜的現象。它的變化是既能創造屬於你的新世界，也能毀滅屬於你的美好世界，對人影響至深至遠。因此在人生中要如何把握『殺、破、狼』的特性，就是我們這一生最重要的功課了。

對你有影響的

紫、廉、武

法雲居士⊙著

在每個人的命盤中都有紫微、廉貞、武曲三顆星，同時這三顆星也具有堅強的鐵三角關係，會在三合宮位中三合鼎立著，相互拉扯，關係緊密、共同組織、架構了你的命運。這也同時，紫微、廉貞兩顆官星和武曲一顆財星，也共同主宰了你的命運！當命盤中的紫、廉、武有兩顆以上居旺時，你的人生就會富足的多，也事業順利、有成就。如果有兩顆以上都居平、陷之位時，則你人生中的過程多艱辛、窮困、不太富裕。要看命好不好？就先從你命盤中的這三顆星來分析吧！

對你有影響的

權 祿 科

法雲居士⊙著

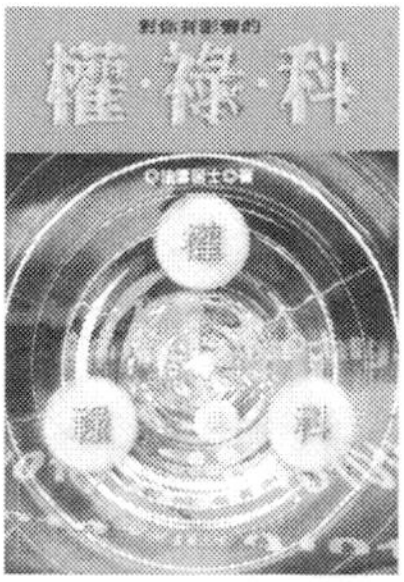

在每一個人的生命歷程中，都會有能掌握一些事情的力量，和對某些事情能圓融處理。又有某些事情是使你頭痛或阻礙你、磕絆你的痛腳。這些問題全來自於出生年份所形成的化權、化祿、化科、化忌的四化的影響。

『權、祿、科』是對人有利的，能促進人生進步、和諧、是能創造富貴的格局。『權、祿、科』的配置好壞就是能決定人生加分、減分的重要關鍵所在。

對你有影響的

十干化忌

法雲居士⊙著

『權祿科忌』是一種對人生的規格與約制，十種年干形成十種不同的、對人命的規格化，以出生年份所形成的四化，其實就已規格化了人生富貴與成就高低的格局。

『權祿科』是決定人生加分的重要關鍵，『化忌』是決定人生減分的重要關鍵，加分與減分相互消長，形成了人世間各個不同的人生格局。『化忌』也會是你人生命運的痛腳及力猶未逮之處。

對你有影響的

羊陀火鈴

法雲居士⊙著

在每一個人的命盤中都會有羊、陀、火、鈴出現，這些星曜其實會根據其本身特質來幫助或影響命格，有加分、減分的作用。羊、陀並不全都不好。火、鈴也有好有壞，端看我們怎麼運用它們的長處，和如何抵制它們的短處，就能平撫羊、陀、火、鈴的刑剋不吉。以及利用它們創造更高層次的人生。

對你有影響的

昌曲左右

法雲居士⊙著

在每個人的命格之中，文昌、文曲、左輔、右弼都佔有重要的位置。昌曲二星不但是主貴之星，也直接影響人的相貌、氣質和聰明度，更會為你的人生帶來不同的變化和創造不同的人生。左輔、右弼是兩顆輔星，助善也助惡，在你的命格中，到底左輔、右弼兩顆星是和吉星同宮還是和凶星同宮呢？到底左右二星有沒有真的幫忙到你的人生呢？

如何選取喜用神

(上冊)選取喜用神的方法與步驟
(中冊)日元甲、乙、丙、丁選取喜用神的重點與舉例說明
(下冊)日元戊、己、庚、辛、壬、癸選取喜用神的重點與舉例說明

每一個人不管命好、命壞，都會有一個用神和忌神。
喜用神是人生活在地球上磁場的方位。
喜用神也是所有命理知識的基礎。
及早成功、生活舒適的人，都是生活在喜用神方位的人。
運蹇不順、夭折的人，都是進入忌神死門方位的人。
門向、桌向、床向、財方、吉方、忌方，全來自於喜用神的方位。
用神和忌神是相對的兩極。
一個趨吉，一個是敗地、死門。
兩者都是人類生命中最重要的部份。
你算過無數的命，但是不知道喜用神，還是枉然。
法雲居士特別用簡易明瞭的方式教你選取喜用神的方法，
並且幫助你找出自己大運的方向。

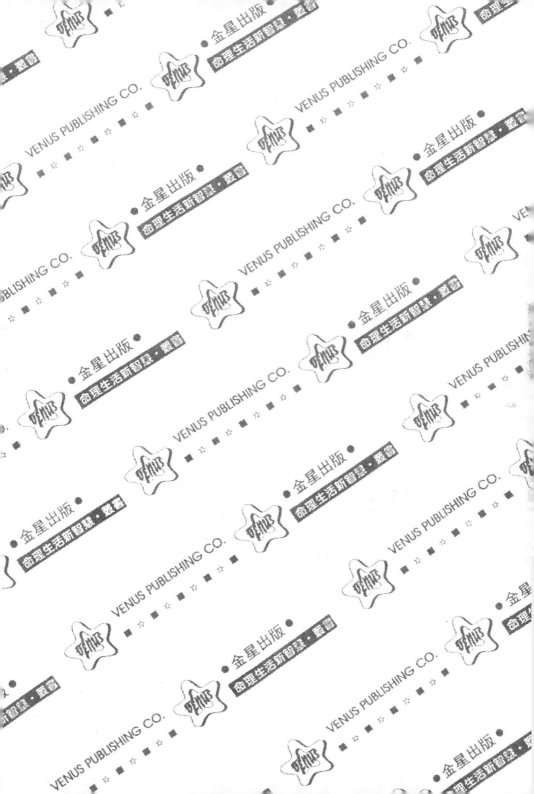